Olivier Wieviorka

UNREAD

Cyriac Allard

二战信息图
诺曼底登陆

Le Débarquement
Son histoire par l'infographie

[法] 奥利维尔·维沃尔卡 著   [法] 西里亚克·阿拉德 绘   李恋晨 译

北京联合出版公司
Beijing United Publishing Co.,Ltd.

前言

毋庸置疑，1944年6月6日是人类历史上最为伟大的日子之一。牺牲是围绕这史诗般的一天的永恒主题。事实上，诺曼底登陆似乎汇聚了所有的溢美之词：这场"有史以来最伟大的联合行动"调动了"空前的"力量，构思"新颖"，"决定"了战争的走向，最终将德意志第三帝国引上了覆灭之路。除却这些赞美，"霸王行动"（诺曼底登陆）从一开始就奠定了传奇的基调：它是一场站在道德维度的正义与邪恶的较量。行动开始前夕，盟军最高统帅艾森豪威尔在向部队进行的动员致辞中写道："你们即将开启伟大的远征，我们数月的努力和等待都是为了这场大战。愿热爱自由的人民的希望和祈祷与你们同在。"他本人特别喜欢这句话，甚至将自己撰写的回忆录命名为《远征欧洲》（*Croisade en Europe*）。艾森豪威尔的此番表述塑造出的充满理想主义热忱的美国大兵形象，与黑暗狂热的德国国防军的形象形成了鲜明的对比——这一观念是如此根深蒂固，甚至有时候历史学家们也会采用类似的表述。斯蒂芬·安布罗斯说过："入伍的年轻人想扔的是棒球，而不是手榴弹；他们想用0.22英寸[1]口径的步枪打兔子，而不是用M1步枪射击和自己同龄的年轻人。当苦难降临时，他们要么捍卫自由，要么放弃自由。他们选择战斗。他们是民主的战士，他们为我们搏出了自由。"

---

1 相当于5.56毫米。——如无特别说明，本文注释均为译者注

当然，这个说法是有根据的。西欧人民的自由确实要归功于那群为消灭"褐色瘟疫"（纳粹）在诺曼底海滩上拼死奋战的英美年轻人，然而，以"登陆"为主题涌现的歌颂文学往往美化了实际情况，以至于真实的历史往往被夸张的演绎所掩盖。士兵们梦想着在自由的祭坛上献祭自己的生命；他们站在道德的制高点为崇高的理想而战；英美联军占据着绝对的力量优势；伦敦、莫斯科和华盛顿缔结了永恒的联盟，共同发起了这场极为复杂的行动……这些主题在一众老生常谈的英雄故事里散发着令人艳羡的傲人光彩，但史实与传说大相径庭。汤米们和萨米们[1]的梦想是回家，而且最好是完好无损地回家，他们才不在乎盟军所谓的战斗目标；尽管美国拥有大量海军兵工厂，但仍无法提供行动必需的运输船只；直到行动开始前的最后一刻，丘吉尔还是希望能推迟这个他并不认可的登陆计划——那时候的他更倾向于在地中海战区投入兵力，随后顺着意大利的海岸线打开卢布尔雅那的缺口——英国历史学家西蒙·鲍尔指出，让人十分震惊的地方在于："这个愚蠢计划的制订者真的认为，人们会严肃考虑它的可实施性。"

　　为了揭示"霸王行动"的真相，我们必须扯下表象的假面，这意味着，无论那些传奇故事有多么深入人心，我们都必须谨慎地对待。首先，我们必须看清这一行动的本质，它是战争中的一次行动，不是所谓的圣战或远征。然而军事史不应当仅仅局限于描述战事，毕竟政治和外交是战争永恒的背景。诺曼底登陆是一个宏大背景中的一部分，我们有必要对其进行回溯。参与此次行动的每个盟国在捍卫本国利益的同时，通常也会为共同事业贡献力量。同时，经济水平首先决定了"霸王行动"是否可行，随后决定了该行动能否成功——这一点也同样值得严肃讨论。尽管诺曼底登陆取得了巨大的成功，被无数的博物馆和电影作品纪念和称颂，但它也伴随着失败和阴影——人们必须明确这一点，尽管这意味着我们要更加客观地对待与这一非凡行动相关的

1　Tommies and Sammies："汤米"指英国士兵，"萨米"指美国士兵。

胜利主义者言论。

　　以下内容主要摘自塞伊出版社于2007年出版的一部作品。我根据最新研究，结合自己近期的工作成果，对本书进行了补充，但与原版相比，本书并无重大更改。不过，本书着重强调图像资料：照片、地图、图画以及信息图。在我和编辑看来，这样做并不是为了迎合某种潮流——尽管它看上去十分诱人。使用图像有两个好处。首先，图像一目了然，能以醒目又直接的方式展现有时文字难以描述的现实。比如，无须赘述，一张信息图就能直接表明被派到英国参与登陆作战的人员数量很少。其次，图像能够营造出一种氛围，甚至是一个全新的宇宙，读者可以轻松地沉浸其中。显然，这一点仅靠历史学家的文字是难以做到的。

　　因此，我们决定试一试。我们希望用信息图的方式说服读者，并且帮助读者更好地理解这场被心怀敬畏的我们坚定地请下历史神坛的"霸王行动"。

奥利维尔·维沃尔卡

目录

03 突破 147

1942年

11月3日　　英军在阿拉曼取得胜利

11月8日　　英美联军登陆北非

1943年

1月14日—24日　　卡萨布兰卡会议

2月2日　　斯大林格勒战役胜利

2月20日　　美军在突尼斯卡塞林遭遇炮火攻击

3月12日　　摩根将军被任命为未来盟军最高统帅的参谋长

5月13日　　轴心国势力撤出突尼斯邦角

6月28日—7月2日　　拉特尔会议通过多项登陆原则

7月10日　　英美联军登陆西西里

7月25日　　墨索里尼被罢免

8月23日　　苏联取得库尔斯克战役的胜利

11月3日　　阿道夫·希特勒下达第51号指令，要求加速建设大西洋壁垒

11月5日　　埃尔温·隆美尔被任命为防御工事监察官

11月28日—12月1日　　德黑兰会议

1944年

1月15日　　埃尔温·隆美尔获得B集团军群的指挥权

1月17日　　组建盟国远征军最高统帅部（SHAEF）

4月28日　　斯拉普顿沙滩的灾难

5月15日　　在伦敦圣保罗中学向盟军核心领导人汇报登陆计划

不眠之夜

01

1943年的情势：战略僵局？

巴巴罗萨行动

1941年
6月22日—12月31日

430万

苏联红军
折损

如果说巴巴罗萨行动的初衷是迅速地摧毁苏联，那么它最初确实让苏联蒙受了惨重的损失。12月5日，德国国防军被抵挡在了莫斯科城外，苏联红军吹响了反攻的号角。

1943年底，盟军终于在战局中占据了有利地位，扭转了其在1939年至1942年这三年间灾难般的颓势。欧洲战争的头三年，盟军一直在吃败仗。波兰、比利时、荷兰相继战败，法国也在1940年沦陷。1941年春，希腊和南斯拉夫失守。随后，第三帝国于1941年6月22日派遣装甲大军突入苏联。德意志再度获胜。1941年12月，德军进入基辅，包围了列宁格勒，战火直逼莫斯科，斯大林政权看似已然到了崩溃的边缘。

1943年，那个多方乱战的"钢铁时代"的结束似乎仍旧遥遥无期。东线战场上，苏联红军在1942—1943年的冬天成功保卫了首都，随后死守斯大林格勒，最终于1943年8月在库尔斯克大败德国国防军。在非洲战场，英军于1942年11月在埃及阿拉曼迎战隆美尔，终获胜利。随后在11月8日，英美远征军登陆摩洛哥和阿尔及利亚，并在突尼斯与蒙哥马利会师。1943年5月，轴心国在邦角投降，撤出北非战场，同时放弃

了地中海南岸，再无卷土重来的希望。彼时，轴心国的欧洲防线正面临严重威胁——1943年7月10日，英美联军在西西里登陆，重创轴心国。同年9月，英美联军向亚平宁半岛进军，他们先是进攻南部的轴心国军队，随后又转战萨莱诺。尽管代价巨大，英美联军还是缓慢而艰辛地朝着罗马前进。

仅仅用了三年，盟军便扭转了局势。笼罩在东线——斯大林格勒那广袤冻原、库尔斯克平原那茫茫焦土——上的可怕阴霾终于消弭了。

同样，英美联军也肃清了大英帝国的命脉——苏伊士运河所面临的威胁，重新夺回了地中海的控制权。情势一片大好。

但仍旧存在一些不安定因素。首先，欧洲战争的大部分压力由苏联承担。1943年10月1日和1944年6月1日，均有超过60%的德国军队在东线作战。尽管那时的情势已经没有那么危急，斯大林也不用再担心苏联的土地被踏平，但他仍旧高声呼吁开辟第二条战

1943年的欧洲战区、北非战区和中东战区图

大西洋

北海

列宁格勒

苏联

联合王国（英国）

纳粹德国

斯大林格勒

意大利

黑海

罗马

突尼斯

阿尔及尔

卡萨布兰卡

地中海

叙利亚

摩洛哥

图卜鲁格

开罗

阿拉曼

阿尔及利亚

利比亚

埃及

N
S

※ 本书地图系原书插附地图

	盟军领土		纳粹德国推进的最大范围		1943年的盟军进攻路线
	1943年盟军收复的地区		1942年被纳粹德国占领的地区		1942年的英美登陆行动
	中立地区		1942年的纳粹德国		

1941 年 6 月，东线的德国士兵。

1944 年 6 月 1 日

60%

的
德军师

在东线
作战

苏联

1942 年 12 月 31 日 —————— **119 702 人**

1943 年 12 月 31 日 —————— **768 274 人**

1944 年 9 月 30 日 —————— **2 053 417 人**

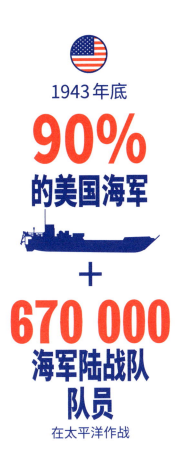

1943年底

90%
的美国海军

+

670 000
海军陆战队
队员

在太平洋作战

线。1942年5月，以"强硬"著称的苏联外交人民委员维亚切斯拉夫·莫洛托夫先后前往伦敦和华盛顿，要求英美两国军队从西方登陆欧洲。他在离开时只得到了一些信口许下的、模棱两可的承诺。已经不会有人做出那些难以践行的承诺了，从战略限制和地缘政治的角度出发考虑问题才是当下的不二铁律。苏联不可能独自打败德意志第三帝国，因此英美两国不得不考虑在欧洲大陆上展开大规模的行动，迫使纳粹德国在两线作战；另一方面，伦敦和华盛顿与莫斯科签订了协议，因此英美两国必须帮助苏联分担战争的压力。简而言之，1943年的英美两国已经无法再止步于口头关怀了——即便说起来容易、做起来难，两国也必须即刻采取切实的行动。

另一个制约因素在于，英美两国的选择范围受限。诚然，它们可以对地中海加以干预。但没有任何迹象表明，1942年所采取的战略能够阻遏纳粹这个庞大的怪物。同时，英美两国还在计划轰炸第三帝国，但在1943年1月的卡萨布兰卡会议上才初步敲定了轰炸战略。最重要的是，英国皇家空军和美国陆航都还有诸多问题亟待解决（轰炸的精准性低，机组人员折损严重），空袭的成功率无法保障。1943年8月17日，美国针对施韦因富特的滚珠轴承工厂和雷根斯堡的Bf-109战斗机工厂实施了空袭行动，美军第8航空队折损了31%的飞机。此次行动后，英美两国意识到，从欧洲的西北部登陆似乎成了更有希望的选择。首先，登陆行动能够歼灭大部分的敌军，因为有相当多的德军兵力集中在比利时、荷兰和法国北部。其次，登陆行动也是向苏联发出的、响应求援的信号。然而，此次大规模行动似乎还面临着一个无法逾越的巨大障碍。

英美战略的终极阻碍是亚洲战争，后者让五角大楼原本清晰的战略视野变得模糊。早在日本参战之前，英国军方和美国军方就在1941年1月至3月的华盛顿美英会谈中达成共识（ABC-1）：德国优先。即率先攻打德国，随后再对付日本，因为德国是公认的最为强劲的对手，而日本一旦失去了盟友的支持，便无法继续作战。但"德国优先"的铁律却被多次打破。首先，这一原则遭到了美国海军的抵触，因为他们更愿意在太平洋展开战斗：在这里，舰队、海上航空部队可以和传奇的海军陆战队并肩作战，合力击垮旭日帝国。他们并不打算在欧洲大展拳脚，因为担心欧洲会打破他们的不败神话，更会抬高他们的预算。因此，及至1943年底，太平洋战区集中了美国海军90%的资源，更不用说还有670 000名海军陆战队队员专门在此服役——这一现实不仅打破了"德国优先"原则，也表明了金上将的部队可能无法为登陆欧洲提供预期的支持，更何况公众舆论也更倾向于在远东作战。毕竟，1941年12月7日对珍珠港发动雷霆攻势的是东京，而不是柏林。

因此，为了让美国民众认可欧洲的军事行动，罗斯福必须极尽他的辩才。尽管回头来看，登陆行动势在必行，但那时，在以丘吉尔为首的许多欧洲领导人的眼中，这个计划无论从构想到实施，都充满了不可能性。

由美国提供的谢尔曼坦克帮助蒙哥马利取得了阿拉曼战役的胜利。但这位英国将领太过谨慎，他所下达的追击隆美尔的命令过于滞后（不过本照片所展现的情景并非如此），因此"沙漠之狐"得以有条不紊地撤至利比亚。

埃尔温·隆美尔通过高射炮部队的炮队镜观察作战区域。1942年7月，于北非。

阿拉曼战役中被抓捕的战俘，1942 年。

地中海的泥沼

1943 年底

597 000
士兵

在意大利展开行动

意大利战区成了无底洞。
它不断地吞噬着越来越多的士兵，
有可能会影响"霸王行动"
所需的兵力。

虽然英美两国都展现出了打倒纳粹德国的决心，但在采取何种战略上，它们出现了分歧。温斯顿·丘吉尔主张考虑地缘政治和军情，因此倡导推行地中海战略。实际上，英国陆军的兵力有限，即便是在兵力达到巅峰时的 1945 年 6 月，英国陆军也仅有 2 900 000 人。因资源有限，英国不愿意在陆地上投入过多军队。相反，英国更倾向于依靠自己的王牌部队——皇家空军和皇家海军，并且更倾向于打消耗战。英国可以在一些外围战场（例如北非和中东）投入较低的人力成本进行战斗，以此削弱纳粹德国的力量。一旦德军的实力被削减，英军就可以对其发动致命一击，这样一来就可避免代价高昂的血腥战斗——而关于惨烈战斗的记忆，仍然留在丘吉尔和一些老兵的脑海里。丘吉尔的战略思想符合古典的战斗传统，从威灵顿到黑格，英国的将军们都倾向于扬长避短，直击敌人的弱点。

就这一点而言，地中海的战事意义非凡。通过控制地中海，英国可以重新发挥苏伊士运河的作用：伦敦至孟买的船队不必再绕行好望角，可以省去 15 天的航行时间以及 8 300 千米的航程。倘

若盟军在地中海战区取得胜利，还可以将意大利肃清出战场，这样一来德国便失去了一位忠诚的盟友。伦敦也会继续保有对"我们的海"（Mare Nostrum，地中海的罗马古称）的控制权——这也是尊贵的国王陛下的既定目标之一。因此，丘吉尔是地中海战略坚定而激进的支持者。1942 年 6 月，丘吉尔访问美国，竭力说服罗斯福介入北非战场。他说："1942 年了，难道我们真的要在大西洋无所作为吗？"这番说辞奏效了。英美联军于 1942 年 11 月 8 日登陆法属阿尔及利亚和摩洛哥（"火炬行动"）。

然而，美国人并不满意。美国海军希望在亚洲战场享有绝对的优先级，美国陆军则计划在 1943 年春季进攻欧洲（"围捕行动"）。甚至如果苏联红军或纳粹德国提前崩溃（"大锤行动"）的话，他们希望在 1942 年秋季就开展"围捕行动"。罗斯福不顾手下将军们的反对，选择听从丘吉尔的建议。在批准了"火炬行动"之后，他又在卡萨布兰卡会议上同意对意大利事务进行干预。

"我们来了，我们听从了，我们失败了。"魏德迈将军悲伤地总结道。美国人毫不犹豫地和那些"远方表亲"站

意大利战役

丘吉尔曾经发誓,这是一场悠闲的军事漫步。多么美好的幻想。但现实是残酷的,在这个多山的地带,河流和丘陵交错,凯塞林对向北推进的盟军发起了猛烈的攻势。盟军付出了惨痛的代价,直到1944年6月4日才进入罗马。

科莫
都灵　米兰　维罗纳　帕多瓦　蒙法尔科内的里雅斯特
热那亚　博洛尼亚
哥德防线
17/12/1944
佛罗伦萨
里米尼　安科纳
04/07/1944
里窝那
斯普利特
锡耶纳　佩鲁贾
古斯塔夫防线
19/05/1944
科西嘉岛
13-30/09/1943
⑤
罗马
福贾
15/09/1943
巴里
安齐奥
⑥
那波利（那不勒斯）
22/01/1944
12/09/1943
撒丁岛
萨莱诺
塔兰托
③
④
09/09/1943
09/09/1943
卡拉布里亚
墨西拿
巴勒莫
西西里　雷焦卡拉布里亚
地中海
卡塔尼亚
比塞大
突尼斯
杰拉　锡拉库萨
①
②
10/07/1943
10/07/1943

N

S

- 🟥 1943年9月盟军征服的地区
- 🟧 1944年5月盟军征服的地区
- 🟪 1944年9月盟军征服的地区
- ⬜ 1944年12月盟军征服的地区

- ➡️ 美国盟军的进攻方向
- ➡️ 英国盟军的进攻方向
- ⇢ 德军撤退方向

- ❶ 盟军不同的登陆行动
- 🢒 盟军登陆

兵力部署

1943年底

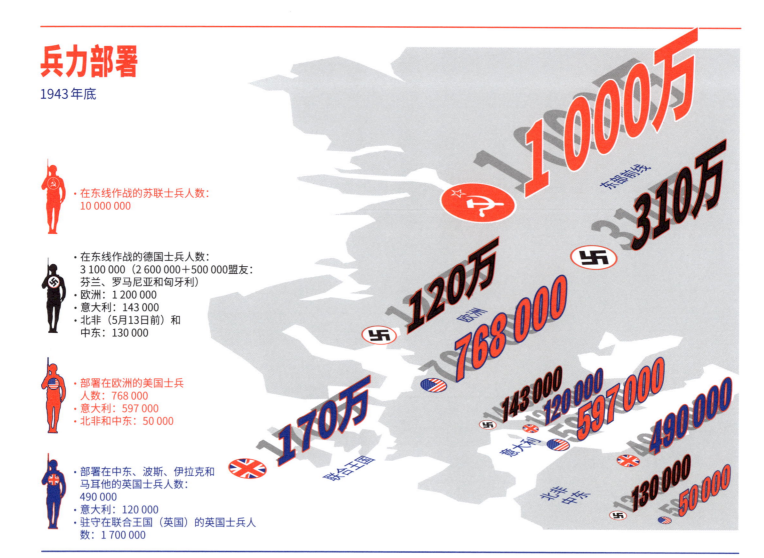

- 在东线作战的苏联士兵人数：
  10 000 000

- 在东线作战的德国士兵人数：
  3 100 000（2 600 000＋500 000盟友：
  芬兰、罗马尼亚和匈牙利）
- 欧洲：1 200 000
- 意大利：143 000
- 北非（5月13日前）和
  中东：130 000

- 部署在欧洲的美国士兵
  人数：768 000
- 意大利：597 000
- 北非和中东：50 000

- 部署在中东、波斯、伊拉克和
  马耳他的英国士兵人数：
  490 000
- 意大利：120 000
- 驻守在联合王国（英国）的英国士兵人
  数：1 700 000

苏伊士运河重要的战略地位

好望角的航海路线
虽然最安全，
但时间也更长。

伦敦

苏伊士运河

孟买

好望角

→ 11 600 km
⋯> 21 000 km

将美国士兵运送到联合王国（"波莱罗行动"）

"波莱罗行动"的目的是将人员和物资（坦克、火炮、卡车等）从美国运送到英国，该行动一开始进展缓慢，但从1943年开始加速，运输量在1944年达到峰值。

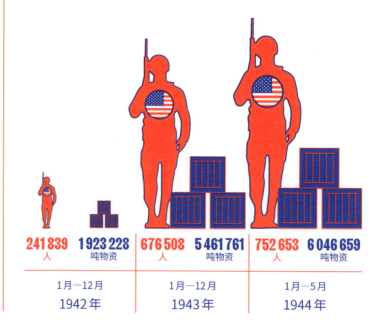

241 839 人	1 923 228 吨物资	676 508 人	5 461 761 吨物资	752 653 人	6 046 659 吨物资
1月—12月		1月—12月		1月—5月	
1942年		1943年		1944年	

在一起。他们不擅长外交，没有做好参与重大会议的准备，也缺乏真正的情报部门。他们天真地相信了"背信弃义的阿尔比恩"[1]，并且最终为这种盲从付出了惨痛的代价。

事实上，英美联军从1943年7月10日登陆西西里，再到同年9月开始全面解放意大利，这一系列的军事行动无法一蹴而就，也绝非轻而易举，它是一条用血肉之躯铺就的荆棘之路。联军艰难前行，损失惨重。虽然意大利领袖（墨索里尼）已于7月25日被赶下台，但那不勒斯直到10月1日才被攻克。

纳粹德国不断施加阻力，一切都表明征服罗马是一项艰巨的任务。更糟糕的是，正如马歇尔将军所说，地中海战场像是一台"吸收泵"，它吸收了理论上应该分配给西北欧登陆计划的资源，而登陆计划的地点和日期都尚未敲定。

截至1943年底，共有597 658名美国陆军士兵在意大利作战——比理论人数多出165 000人。与之相对，如果说同期真的有768 274名士兵驻扎在大不列颠，那么258 494名士兵的去向究竟如何考证？唐宁街的主人一方面口口声声说要登陆西北欧，另一方面却又因为资金短缺、组织力匮乏而无法规划这场登陆行动。更为糟糕的是，意大利作战计划远没有像丘吉尔所预料的那样牵制大量德军。从1943年4月至12月，再到1944年5月11日，德军从西线抽调了27个师前往苏联前线，另有22至23个德军师与29个盟军师展开战斗——这不禁让人怀疑，究竟是谁在牵制谁。

总之，地中海战场吸收了越来越多的资源，换来的却是虚妄的胜利。从那不勒斯到柏林的道路艰辛而漫长，并且可能最终让苏联成为最大的获益方。"倘若英美联军都集中在了欧洲南部和东南部，那么谁又能阻止苏联人深入鲁尔河、萨尔河甚至是诺曼底呢？"罗斯福的幕僚罗伯特·E.舍伍德在回顾这段历史时说道。

简而言之，丘吉尔的地中海战略无法帮助盟军解决眼前的战略问题——尽快击败纳粹德国，同时减轻苏联的战争压力。相反，它多此一举地使情势变得更复杂了，盟军在次要战区浪费了大量资源，结果只换来了微不足道的战略收益，同时还激怒了莫斯科政府——无论是伦敦还是华盛顿，在那个时期都无法承担这一系列的后果。

1　perfide Albion：背信弃义的阿尔比恩，国际外交背景下的一个贬义词。指的是英国君主或政府在追求自身利益时的蔑视态度、口是心非、背叛或不忠的行为。阿尔比恩（Albion）为不列颠古称。

11

对英美盟军而言，解放西西里是相对简单的，这主要归功于他们能够很好地掌握制空权（一架喷火式战斗机正准备降落在麦田中的一个临时野战机场），但德军还是成功设法回撤了他们的主力部队。

英军登陆西西里东部，尽管他们配备了装甲车，但依旧在推进的过程中遇到了一些阻碍（1943年8月9日，一辆谢尔曼坦克正在穿过特雷卡斯塔尼村）。相反，从西西里西部登陆的美军则畅通无阻。

卡西诺山的本笃修道院坐落在突出的山岗上,成了古斯塔夫防线的一个要塞,阻挡着盟军向意大利北部挺进。他们发动了4次攻势,才最终在1944年5月占领了这个要塞。但此时这片区域已是一片废墟。

温斯顿·
丘吉尔

1874

1965

历史毫无保留地歌颂了丘吉尔的功绩，他拒绝在困难面前妥协，并在1940年的至暗时刻成功说服他的人民坚持战斗。然而，他的勇气和不屈不挠的精神往往让人忽视他身为参与高层战略的领导人所犯下的错误，这些错误不断消磨着那些英美将领的神经。例如，他一直坚决反对诺曼底登陆（此次行动本身也争议不断）。这位参加过"一战"的老兵首先担心的是，登陆行动是否会成为一场"比敦刻尔克还惨烈的军事灾难，而这场灾难会让希特勒主义和纳粹政权复兴"。他还担心1917年帕斯尚尔战役的惨痛历史再次上演——250 000名英国士兵在战争中失去了生命。他说："为什么要浪费我们最优秀年轻人的性命去攻击一条被敌人牢牢控制的海岸线呢？"

因此，他主张地中海战略。这样一来，既能避免让士兵们流血牺牲，又能保障英国王室在地中海的利益。1944年5月15日，蒙哥马利在圣保罗中学汇报登陆计划时，丘吉尔说了一句令人感到遗憾的话："我现在对这个计划更加笃定了。"如果这句话意味着他相信登陆计划会成功，那么艾森豪威尔则对此有不一样的解读："我第一次意识到丘吉尔先生从未相信过登陆计划，对他来说，这项行动是不可能成功的。这是一个相当令人震惊的发现。"

当然，"霸王行动"的成功软化了这头坚定持反对态度的"老狮子"，但只是暂时的。他一直在阻挠普罗旺斯登陆计划的实施，甚至考虑分割地中海战场的指挥权——不过他最终并没有将这一想法付诸实践。尽管如此，丘吉尔的缄默，抑或时常带有怨怼情绪的缄默，不仅仅是对优秀的英国青年牺牲在诺曼底海岸上的恐惧，还因为英国被美国超越的挣扎感让他感到痛苦。这是一段令人沮丧的时光，他在1945年4月向妻子坦言："当我看到我们的军队和他们的军队差距如此悬殊时，我感到非常难过。我一直希望平衡力量，但面对一个如此强大的国家，我们又该怎么办呢？"

"这不是结束，这甚至不是结束的开始。
但，这可能是开始的结束。"
——温斯顿·丘吉尔，阿拉曼战役结束后，1942年11月10日

"我第一次意识到丘吉尔先生从未相信过登陆计划。"
——德怀特·D.艾森豪威尔，《回忆录》（*Mémoires*），1948年

"为什么要浪费我们最优秀年轻人的性命去攻击
一条被敌人牢牢控制的海岸线呢？"
——与大卫·弗雷泽将军的谈话，1944年6月

苏联的需求

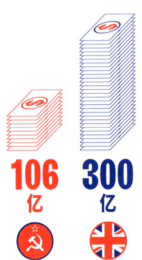

租借法案

1941—1945 年

一种"变化无常"的慷慨

106亿

300亿

战争结束后，华盛顿声称"山姆大叔"对英国的援助远多于对苏联的帮助。事实上，直到 1943 年夏天，苏联都是在靠自己的力量战斗。

斯大林格勒战役和库尔斯克战役结束后，笼罩在苏联上空的阴霾散开了。但战争已经将苏联的经济资源和人力资源消耗殆尽。斯大林完全有理由相信，英美两国正在发动所谓的"代理人战争"——让德意志和苏联互相消耗，自己坐收渔利。他的怀疑并非毫无道理。1942 年，苏联红军直面敌军的 225 个师，而英联邦在埃及面对的只有 6 个师。

不过，华盛顿确实向莫斯科提供了大量的经济支持。1941 年 3 月 11 日，罗斯福总统签署了《租借法案》，旨在为同盟国提供经济支持。自 1942 年 11 月 7 日起，莫斯科获得了美国的经济援助。但我们应该客观地看待美方援助的作用。苏联得到了 106 亿美元（占总额的 24%）的援助，英国则得到了 300 亿美元（占总额的 69%）。总体而言，英美两国用于援助苏联的资金不到其总体支出的 4%。

如果再加上 1943 年 7 月至 1944 年 12 月（斯大林格勒战役和库尔斯克战役之后）运抵的 57% 的"租借"物资，那么我们就能理解，不管有没有美国的支持，苏联红军都会取得胜利。但这并不意味着我们可以忽视美国的援助。"山

姆大叔"提供了苏联急需的高科技产品，一举让苏联的国内资源总量提升了 8%，这主要体现在民生产品上：每一美元的租借援助中，只有 25 美分用于增加军事预算；其余 75 美分则直接用于兑换固定资产和改善人民的日常生活。伦敦提供了锡兰茶和非洲的石油，华盛顿提供了 15 000 000 双靴子以及罐头和汽油。这些货物历经艰险，穿越曲折又悠长的漫漫征途，总算抵达了目的地。有的货物取道北极（25%），还有的货物经过伊朗、里海，最后抵达了伏尔加河（25%），剩下的货物途经阿拉斯加，在符拉迪沃斯托克（海参崴）登陆（50%）。

然而，这些援助都远远不足以弥补苏联的损失。因此，斯大林提高了分贝。1942 年 8 月，丘吉尔前往莫斯科"推销"他的地中海战略，并且绘声绘色地解释道："在苏联攻击这只鳄鱼厚实的嘴部时，英美可以趁势袭击它柔软的腹部。"克里姆林宫的东道主相当客气，没有反驳这位远道而来的客人，但是内心深处他还是坚持自己的看法。因此，丘吉尔决定在德黑兰会议（1943 年 11 月 28 日—12 月 1 日）上强行推动自

东线

1942年11月—1944年6月

直到1943年夏天，红军一直在抵挡德国国防军的攻势——首先是在斯大林格勒，随后又以惨痛的代价换来了库尔斯克的胜利。接下来的挑战更为严峻：1944年6月22日，巴格拉季昂行动注定胜利，中央集团军溃败，苏联军队行进至华沙城门外。

苏联

芬兰

瑞典

赫尔辛基

芬兰湾

塔林

爱沙尼亚

波罗的海

里加

拉脱维亚

立陶宛

东普鲁士

波兰

奥尔沙

明斯克

白俄罗斯

列宁格勒 01/1944

杰米扬斯克

勒热夫

莫斯科

斯摩棱斯克 09/1943

08/1943

基辅 11/1943

乌克兰

库尔斯克

沃罗涅日

哈尔科夫 08/1943

斯大林诺

罗斯托夫

斯大林格勒 02/1943

罗马尼亚

敖德萨 04/1944

克里米亚

刻赤

布加勒斯特

塞瓦斯托波尔 05/1944

黑海

里海

伊斯坦布尔

土耳其

N / S

▬▬ 1942年11月的前线	•••• 1944年6月的前线	➡ 苏联红军进攻方向
▬▬ 1943年6月的前线	▨ 纳粹德国占领区	卐 纳粹德国军队
▬ ▬ 1943年9月的前线	▢ 中立地区	02/1943 红军重新攻占日期

17

援助苏联

运往苏联的货物有四分之一取道北极。这是一条危险的路线，因为德国的潜水艇会极大地危害到货物的输送。还有四分之一的货物会通过伊朗—里海—伏尔加河路线运输，但需要中转多次，这也是一条布满荆棘的航线。不过，还有一半的美国援助物资会经由阿拉斯加批达符拉迪沃斯托克（海参崴）——这条线路相对安全，尽管日本是德国的盟友，但依照1941年东京与莫斯科签订的互不侵犯条约，日本从未袭击过这些海上船队。

美国还会向苏联提供食品援助。
工人们正在为"苏联胃"准备猪肉罐头。

经由伊朗—里海—伏尔加河的运输线路具有全年开放的优势，但也需要进行多次中转，而美国的卡车（摄于1942年6月）也需要面对更加复杂的道路状况。

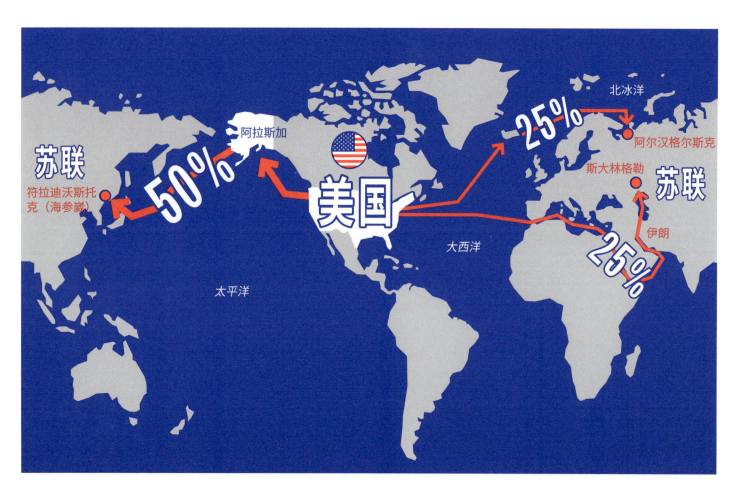

**美国
运向苏联**
的给养

400 000
吉普车

14 000
飞机

8 000
卡车

13 000
坦克

150万
毯子

1 500万
靴子

107 000
吨
棉花

450万
吨
食品

270万
吨
碳氢燃料

己的计划。

三巨头本应将在这次于伊朗首都举办的会议中商定战略，但罗斯福不愿再盲目听信英国的当权者。为了表明自己的决心，他协同60余名幕僚登上了"衣阿华号"，并在航行期间为即将举行的会议进行了极为周密的筹划，以应对丘吉尔抛出的诱饵。他的将军们严肃地评估了意大利战役的困局，总统下定决心，拒绝再为地中海做出无谓的牺牲，尤其是他的本意是希望与斯大林达成共识，继而商定共同的军事战略，和平地管理战后局势。因此他不断地向苏联领袖示好，公开拒绝与英国首相进行私下会谈，并且同意在布满了窃听器的苏联大使馆下榻，以表明自己没有什么好遮掩的。斯大林则表现得更为激进。

11月29日，斯大林直截了当地询问谁将指挥西北欧的军事行动，这是一个尴尬的问题，因为该行动的领导人尚未指定。当天晚上，他更加咄咄逼人。他问道："英国首相和总参谋长真的相信此次行动吗？"苏联的这番突然发难似乎是有意为之，因为伏罗希洛夫元帅向大英帝国的总参谋长布鲁克将军提出了相同的问题。

面对这一联合攻势，丘吉尔让步了，他不得不承认诺曼底登陆计划（代号"霸王行动"）将是第二年的"主要战略行动"。即便早在华盛顿会议（1943年5月12日—25日）和魁北克会议（1943年8月14日—24日）期间，英美两国已经确定了登陆行动的主要方针，但彼时该行动仍停留在构想阶段。在德黑兰，诺曼底登陆行动终于不再抽象，进入了实际准备阶段。华盛顿和莫斯科如释重负。就军事层面而言，登陆行动是一个比丘吉尔的地中海战略更优

的选择。从外交层面来看，登陆行动巩固了东西方的"神圣联盟"，避免了斯大林偏执地对英美两国产生进一步的猜忌，也消除了每一个阵营各自为战、独善其身的可能性。与此同时，该行动还平衡了每个国家的利益。美国得以在欧洲大陆上部署军队，从而隐晦地抑制苏联向西扩张。如罗斯福所言，两国开始了"奔向柏林的竞赛"。

开辟第二条战线，也能够减少苏联在人力和资源上的损失。唯一的"输家"是大英帝国，它不再占据主导地位，这让丘吉尔感到沮丧。"在那里，我的一边坐着张牙舞爪的苏联熊，另一边则坐着庞然大物的美国水牛。在二者之间，坐着可怜而渺小的英国驴，三者中唯有它知道从哪条正确的路回家。"他补充道，"我第一次真正意识到，我们的国家是如此渺小。"不可逆转地，一个新的篇章开始了。

苏联和英美盟军的合作十分有限。当然，斯大林同意美国的飞机在他的基地降落，以便美军航空兵进行"穿梭轰炸"——这些飞机从意大利起飞，降落在苏联，再去执行新的任务，然后折返意大利。但在1943年6月21日和22日，德国空军轰炸了波尔塔瓦的空军基地，破坏了美、苏两国之间建立的合作。合作期间，美国只发动了18次空袭，这是一个相当少的数字，但盟军方面的宣传却极尽夸大之能事——正如这张照片所示，一名红军士兵正在和美国B-17轰炸机机枪手安东尼·乔亚中士握手（1944年）。

德黑兰会议于 1943 年 11 月 28 日至 12 月 1 日在伊朗的首都召开。之所以选择德黑兰，是因为它靠近苏联——斯大林不喜欢旅行。丘吉尔和罗斯福则从开罗赶来与他会面。这是三大领袖的首次会议，会议期间暗流涌动。英国首相不得不让步，接受了他曾试图推迟但未果的在法国海岸登陆的决定。因此他在照片中满面愁容，也就不足为怪了。而斯大林的开心有很多理由能够解释——他获得了开辟第二战场的机会，并且他知道，在斯大林格勒和库尔斯克的胜利之后，他会再次取得胜利。

苏联党和国家的
主要领导人
苏联人民委员会
主席

约瑟夫·
斯大林

STALINE

1878

1953

自始至终，体制化、制度化的苏联政体都带着几分偏执色彩，尤其是斯大林掌权之后，苏联更加激进。苏联与盟国的关系必然是复杂的。一方面，斯大林不信任英国人和美国人，尤其是丘吉尔。"丘吉尔是那种，你稍不注意，他就会从你口袋里偷走一戈比[1]的人——是的，从你的口袋里，哪怕拿走一戈比……罗斯福呢？罗斯福不一样，他一旦出手，就要拿走大笔的钱。"斯大林向南斯拉夫的共产主义者米洛万·吉拉斯这样说道。另一方面，他又需要与强国结盟，以此缓解苏联的压力。因为直到1944年

上半年，欧洲战场的战争重压基本上全由苏联人担着。

克里姆林宫主人的矛盾心理还体现在他对诺曼底登陆作战两种截然不同的态度上。实际上，他一直呼吁开辟第二战场。为此，苏联的外交人民委员维亚切斯拉夫·莫洛托夫于1942年春天先后访问了伦敦和华盛顿。斯大林也多次发送电报，提醒英、美两国承担起它们的责任。1942年7月23日，斯大林在致丘吉尔的电报中强调："苏联政府无法接受将第二战场的开辟时间推迟至1943年。"与此同时，他公开鄙夷他的盟友，嘲笑他们的懦弱。

例如，他断定，如果舰船在英吉利海峡遭遇大雾，那么登陆行动将会被推迟。"甚至他们可能会遇到德国人！"他讽刺道。但另一方面，他也承诺将会在登陆日同时发动进攻。他也的确信守诺言，在1944年6月22日发动了巴格拉季昂行动。不过，他从不赞成东西方进行战略合作，也不相信两者间存在信任关系。"大战结束后，苏联将独自奠定自己的世界地位，他们只想靠自己，不愿受盟国的影响或干扰。"美国驻莫斯科军事使团团长迪恩将军总结道。战后，联合国

成立。平和的表象之下是涌动的暗流，冷战初见苗头。

"丘吉尔是那种，你稍不注意，
他就会从你口袋里偷走一戈比的人——是的，
从你的口袋里，哪怕拿走一戈比……罗斯福呢？
罗斯福不一样，他一旦出手，就要拿走大笔的钱。"
——约瑟夫·斯大林与米洛万·吉拉斯，1944年6月5日，莫斯科

"苏联政府无法接受将第二战场的
开辟时间推迟至1943年。"
——约瑟夫·斯大林致丘吉尔电报，1942年7月23日

"大战结束后，
苏联将独自奠定自己的世界地位，
他们只想靠自己，
不愿受盟国的影响或干扰。"
——迪恩将军，《回忆录》，1947年

1　苏联小铜板，货币单位。——编者注

经济动员

为了实现登陆计划，英美两国必须研究出某种军事策略，以确保军队全员都能拥有必要的武器和装备。英国和当时强大的美国有着巨大的经济潜力，它们能够满足这一必要条件，但仅凭此，登陆未必就能成功。英国和美国的兵工厂在规定时间内制造了足量的步枪、坦克和飞机，但登陆船只的数量却仍显不足。直到最后一刻，盟军最高统帅德怀特·艾森豪威尔将军都还在担心自己无法得到足够的登陆船只。确实，此项计划所需舰船的数量庞大到令人咋舌。为了顺利渡过英吉利海峡，盟军将动员4 266艘舰船，包括能搭载60辆车和300名士兵的坦克登陆舰（LST），以及能搭载400～2 000名士兵和6～15艘驳船的步兵登陆舰（LSI），这样才能将士兵从海上运送到沙滩上。

这些运输船的制造过程历经重重阻碍。美国持着犹疑的态度开始生产船只，因为登陆行动实施与否尚未敲定，更别提什么计划了。此外，在大西洋海战中能对抗德国潜水艇的驱逐舰，以及能向不列颠群岛运输物资的商船，都需要同样的材料——钢和发动机。因此，装备的生产问题让各国领导人极为担忧。在德黑兰，马歇尔将军毫不掩饰地表达了他的担忧："……现实就是这样急迫，我们缺少登陆船只。"

政府和军方负责人采取了一切能够采取的措施。他们通过强制提高生产效率的方式来提高产量。芝加哥桥梁钢铁公司（CB&I）推行标准化生产，加之丰厚的福利待遇（保障劳动力稳定），使建造一艘坦克登陆舰的时间从875 000个工时缩短到了270 000个工时。除此之外，为支持部队运输，各国首脑也进行了取舍。例如英国放弃了建造1艘航空母舰、4艘驱逐舰和14艘护卫舰的计划，转而生产了75艘坦克登陆艇（LCT）。总参谋部开始重新分配各战区之间的资源。

1943年11月，"海盗行动"（原针对安达曼群岛的军事行动）取消，用于该行动的26艘坦克登陆舰、24艘步兵登陆艇（LCI）和64艘坦克登陆艇都可以转而投进诺曼底行动。同样地，原定与诺曼底登陆战同步进行的普罗旺斯登陆计划（"铁砧行动"）被推迟了两个月，于是又有26艘坦克登陆舰和40艘步兵登陆艇可补充进诺曼底登陆行动中。最后，船只的损耗率（沉没、磨

盟军的空中优势和处于劣势的纳粹德国空军

运输机

哈米尔卡
GAL-49 重型滑翔机

霍萨
A.S.51 滑翔机

韦科
CG-4A 滑翔机

道格拉斯 C-47 运输机

战斗机

"雷霆"战斗机

"黑寡妇"
P-61 战斗机

霍克"台风"战斗机

"野马"战斗机

霍克"暴风"战斗机

霍克"飓风"战斗机

超级马林"喷火"战斗机

战斗轰炸机

洛克希德 P-38
"闪电"战斗机

"蚊"式轰炸机

轰炸机

波音 B-17"空中堡垒"轰炸机

北美 B-25
"米切尔"轰炸机

阿弗罗 683"兰开斯特"轰炸机

波音 B-24"解放者"轰炸机

"哈利法克斯"轰炸机

"阿尔比马尔"式
轰炸机

道格拉斯 A-20"浩劫"攻击机

马丁 B-26"劫掠者"轰炸机

侦察机

派帕 L-4"蚱蜢"侦察机

14 700 飞机

15 500 伞兵

防空气球

7900 伞兵

815 飞机

纳粹德国空军

轰炸机

梅塞施密特 Bf-110

战斗轰炸机

容克 Ju-87

运输机

容克 Ju-52

战斗机

福克-沃尔夫 Fw-190

梅塞施密特 Bf-109

盟军的海事力量

为了将约130 000名士兵运到诺曼底海岸，英美两国投入了大量资源（超过4 100艘运输船只）。不过，为了组建这支庞大的船队，为确保拥有足够的船只，它们竭尽所能调动了所有资源。基于此，艾森豪威尔不得不将计划登陆日推迟了一个月。

4 538
军舰与驳船

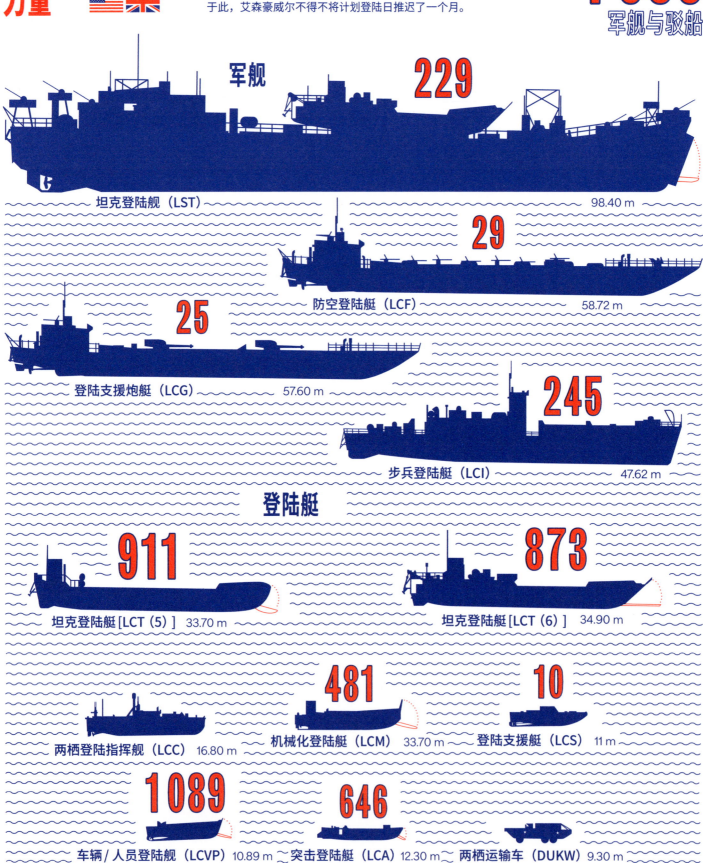

军舰

229
坦克登陆舰（LST）   98.40 m

29
防空登陆艇（LCF）   58.72 m

25
登陆支援炮艇（LCG）   57.60 m

245
步兵登陆艇（LCI）   47.62 m

登陆艇

911
坦克登陆艇 [LCT（5）]   33.70 m

873
坦克登陆艇 [LCT（6）]   34.90 m

481
机械化登陆艇（LCM） 33.70 m

10
登陆支援艇（LCS） 11 m

两栖登陆指挥舰（LCC） 16.80 m

1089
车辆/人员登陆舰（LCVP） 10.89 m

646
突击登陆艇（LCA） 12.30 m

两栖运输车（DUKW） 9.30 m

纳粹德国舰队

78

30 艘巡逻艇
4 艘驱逐舰
9 艘鱼雷艇
35 艘潜水艇

与盟军部署的
7 000 艘舰船相比，
纳粹德国海军黯然失色。
它们在德军国防中只
发挥了次要作用。

盟军军舰
及
驳船的名称

LST
坦克登陆舰
可运输大型装备。

LCF
防空登陆艇
搭载了数门大炮，
可以对前进的舰队
进行火力掩护。

LCG
登陆支援炮艇
为突击部队提供火力支持。

LCI
步兵登陆艇
用于运输军队。可以
同时搭载 200 名
全副武装的士兵。

LCT
坦克登陆艇
英国人容量最大的
登陆载具，用于运输士兵
和物资。

LCC
两栖登陆指挥舰
为舰队引航。舰上配备有
数根天线，用以帮助指引
行进方向。

LCM
机械化登陆艇
用于运输部队和坦克。

LCS
登陆支援艇
在登陆前为军队提供
近距离支持。

LCVP
车辆 / 人员登陆舰
用于运送 30 余名全副武装的士兵，
或一辆轻型车辆（如坐了 12 名
士兵的吉普车）。

LCA
突击登陆艇
等同于美军的车辆 / 人员登陆舰
（LCVP），可运送 30 余名
全副武装的士兵。

DUKW
两栖运输车
水陆两栖，可以在水里和
陆地上移动。

损或故障）成为一个决定性参数。早先的损耗率极不合理（50%），在重新规范后，美国人将损耗比例控制在了 5% ～ 10%。这样一来，又有 7 艘坦克登陆舰可以投入使用。数据的估算至关重要。根据最为乐观的估计，此次行动最多可以搭载 188 895 名士兵和 21 575 辆各种车辆；而在最为悲观的情况下，则有 155 980 名士兵和 17 844 辆载具可以被运输到战场。事实证明，乐观主义者的预测不无道理，美国方面的最终损耗率为 0.7%，英国则为 2.4%。然而，所谓"权宜之计"并非完美，为了多争取一个月的生产时间，艾森豪威尔将登陆日从 5 月 1 日推迟到了 6 月 1 日。丘吉尔讽刺道："像英国和美国这样两个庞大帝国的计划竟然会因为缺少一两百艘的特殊船只而无法推进或推迟？历史永远都不会理解这件事。"

倘若盟军竭尽全力，生产了足量的物资，那么下一步就是将这些物资运送到英国。运输问题同样让后勤人员焦头烂额，毕竟会有超过 1 500 000 名士兵穿越大西洋！1943 年 12 月至 1944 年 5 月，每个月都有两个师的兵力先行登陆英国，并有 600 万吨的物资运抵英国。绝大多数的军队（95%）通过海路运送，通常是通过船队（59%）或挤上"玛丽王后号"和"伊丽莎白王后号"（25%）。这样分配的优势在于，盟军可以在 5 ～ 6 天的时间里运送 15 000 人。而如果使用常规船只运输，时间则会延长至两周。接下来还需要卸货，这是一个庞大的工程。如果一支船队由 42 艘货船组成，共搭载 1 500 辆轮式车辆、2 000 辆厢式车辆、200 架飞机及滑翔机、50 000 吨补给物资，那么就需要开动 100 列火车和 18 000 ～ 20 000 辆卡车。庞大的交通流量使道路和铁路网络变得拥堵，这令英国官员非常不满。1944 年 5 月，他们警告道："国家运输系统无法负荷目前的流量，更无法处理由登陆行动带来的额外交通量。"

为了避免交通堵塞问题，美国在 5 月和 6 月削减了派遣的部队数量，同时预装了 200 艘货船——要么是为了一次性卸货，简化工作流程；要么这些货船可以用作水上仓库。尽管有了双重保障，但仍须努力才能达到理想状态。英国人为"人类大业"妥协了，他们勒紧了裤腰带，削减了 50 万吨的进口量。

直到 1944 年 6 月 6 日前夕——尽管过程中采取了一些紧急甚至是高难度措施——英美盟军终于凑齐了登陆行动所需的装备。然而，要想取得最终的胜利，盟军必须匹配完善的计划，才能发挥这些装备的最大效能。

"霸王行动"要想取得成功，盟军需要每个月将2个师的美国军人运抵英国——这无疑是一项壮举！诚然，盟军已经在大西洋战争中取得优势：由于U型潜艇损失惨重，德国海军元帅邓尼茨经过审慎的考虑，在1943年8月将其撤出了北大西洋。但U型潜艇带来的阴影依旧存在。因此，后勤人员决定依靠包括"玛丽王后号"（如图，摄于1943年11月）在内的客轮输送至军队。这些客轮不仅能运送上千名士兵，它们的速度还足够快，能够逃脱恶狼般的纳粹德国海军的围追堵截。

海军在登陆行动中发挥了至关重要的作用。原因很简单：只有运输船才能担负起运送130 000名战斗人员的任务，这项任务分配给了约4 000艘船只，另外还有护航船。部分舰船停泊在英国港口，静静地等待着登陆日的到来。

富兰克林·D. 罗斯福

1882　　　　　　1945

与丘吉尔不同，富兰克林·罗斯福几乎从不插手战略层面的事务，他的将军享有很大的自主权。白宫确定大体方向，军队则负责朝着目标推进。这一划分原则虽然相对简单，但最终仍然使总统和他的参谋长产生了分歧。是否优先考虑欧洲战场是第一个争议焦点。诚然，罗斯福在1941年已经表明了自己的立场："德国优先。"但海军方面和麦克阿瑟将军却主张不应该忽视日本，且他们的呼吁得到了广泛支持。至1943年底，美国海军（包括海军航空兵部队）将90%的兵力投进了太平洋战场，更不用说

还有670 000名海军陆战队队员在太平洋战区待命。因此人们不禁开始质疑，美国是不是只是在"理论上"支持"德国优先"。第二个分歧则在于，联合参谋部主张在西北欧发动进攻，而不是像丘吉尔所要求的那样开辟地中海战场。英美联合参谋长委员会于1943年8月9日警告道："平心而论，地中海通常被认为是次级战区，我们决不能让局部利益影响到整体战略。"这番说辞是徒劳的，德黑兰会议之前，新政时期的人们都拒绝听取他们的意见。

然而，1943年11月，罗斯福改变了立场，决定支持斯大林的方案——开辟第二战场。事实上，"霸王行动"解开了一道复杂的方程式。此次登陆行动会帮助苏联解决德国国防军，但也会阻止前者在欧洲大陆继续扩张。从这个角度来看，白宫的主人冒着惹恼丘吉尔的风险，让各方势力相互制约，建立了一种妥协和力量的平衡。罗斯福向他的儿子艾略特解释道："对我来说最重要的是……让斯大林明白，美国和英国并非来自同一阵营，不是为了针对苏联而联合在一起的。我相信我们已经彻底打消了斯大林心中的这个想法。战争结束

后，唯一可能改变的是，当世界再次分裂，苏联自成一方势力，我们则会和英国站在一起。我们今天和明天的重要任务，就是在苏联和英国之间周旋，扮演仲裁者和调停者的角色。"——他所构想的事业，是一桩普罗米修斯式的伟业（虚幻的、不切实际的），而诺曼底登陆，则是这桩伟业中的一座里程碑。

"平心而论，
地中海通常被认为是次级战区，
我们决不能让局部利益影响到整体战略。"
——英美联合参谋长委员会提醒罗斯福，1943年8月9日

"对我来说最重要的是……让斯大林明白，
美国和英国并非来自同一阵营，
不是为了针对苏联而联合在一起的。"
——富兰克林·D.罗斯福与其子艾略特的对话，1943年11月，德黑兰

计划

1944年6月6日

3467
重型轰炸机

+

1645
中型轰炸机

试图在6月6日清晨
攻破大西洋的防御壁垒，
但铩羽而归。

经过长时间的斡旋，英美领导人终于在德黑兰会议上确定将登陆时间选在1944年5月——这是一个明智的决定。但在那个时候，他们只剩5个月来制订计划了。

当然，战略家们也并非从零开始。在卡萨布兰卡会议上，英美军方任命弗雷德里克·摩根为未来的盟军最高统帅参谋长。1943年3月12日，这位英国将军上任，并立刻着手展开工作。尽管上方的指示不具体，但他和他的团队还是确定了大体的行动框架。在拉特尔会议期间（1943年6月28日—7月2日），他们否决了在加来海峡登陆的提案，选择了诺曼底。加来沿岸戒备森严，是德国空军打击的重点地区，并且扩张的可能性十分有限。一旦选择在加来登陆，就必须迅速占领安特卫普和塞纳河沿岸的港口。当然，在诺曼底登陆会增加盟军的航程，而且该地区没有深水港。但是诺曼底是德军防御的薄弱地区，并且德国人也不会料到，英美联军会选择一条最为艰难的路线登陆——出其不意，便能占领先机。为了解决没有深水港的问题，盟军决定建造人工港口，以便在必要的时候输送增援部队。

不过，登陆计划也存在一些不足之处。根据英美联合参谋长委员会（CCS）的讨论结果，理论上将计划以29个师的兵力同时进攻3个海滩。而大量的人员和武器装备涌入很有可能直接将海滩淹没。此外，伞兵和机降部队的作用较小，他们只能控制卡昂或一些关键地点。1943年12月25日，蒙哥马利将军成为第21集团军群指挥官。上任后，他当即表达了自己的疑虑："我拿到为第21集团军群制订的作战计划后，越研究，我就越不喜欢它。"1944年1月17日，负责指挥"霸王行动"的盟国远征军最高统帅部成立，开始大刀阔斧地修改登陆计划。

首先，盟国远征军最高统帅部决定将战场的最前沿扩大至科唐坦半岛东部，以便迅速夺取瑟堡港。同时，在乌伊斯特勒昂增派一支英军师，增加掌握的海滩数量，增援部队的行进也会更加顺畅。其次，盟军最高统帅部还计划增派空中部队来支援地面部队。最后，战略家们决定通过空中轰炸来摧毁沿海的防御工事。为了不打草惊蛇，他们计划在6月5日至6日发动轰炸，并以黎明时分海军的一声炮响收尾。4月7

冲锋!

1944年6月6日

南安普敦　朴次茅斯　纽黑文

普尔

韦茅斯

皮卡迪利广场

集结

德怀特·D.艾森豪威尔将军

最高指挥官/盟国远征军最高统帅

伯纳德·蒙哥马利将军

盟军陆军总司令

迈尔斯·登普西将军

英军第2集团军

奥马尔·布莱德雷将军

美军第1集团军

第1军

第7军　第5军　第30军

汉斯·冯·萨尔穆特

瑟堡

圣梅尔埃格利斯

① 犹他海滩
② 奥马哈海滩
③ 黄金海滩
④ 朱诺海滩
⑤ 宝剑海滩

勒阿弗尔

卡朗唐

巴约

多维尔

蓬托德梅尔

圣洛

卡昂

利雪

伯尼

库唐斯

格朗维尔

维尔

法莱斯

埃尔温·隆美尔

圣马洛

阿夫朗什

弗莱尔

阿让唐

弗里德里希·多尔曼

栋夫龙

N
S

⫶⫶⫶ 铁路轨道	── 盟军的航运路线	🔴 6月6日的推进情况
── 江、河	ᐧᐧ▶ 盟军的飞行路线	🔴 6月12日的推进情况
── 公路		

🔴 7月25日的推进情况	⭕ 英国港口	
🔴 7月31日的推进情况	⭕ 法国城市	

地面部队
的部署情况

1944年6月6日

盟军士兵

155 865

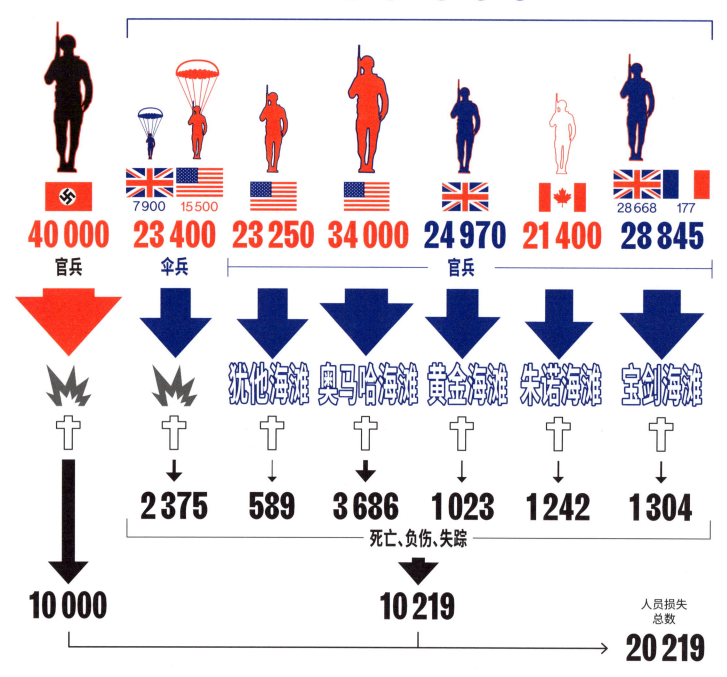

40 000	23 400	23 250	34 000	24 970	21 400	28 845
官兵	伞兵			官兵		

7900 15 500

28 668 177

犹他海滩　奥马哈海滩　黄金海滩　朱诺海滩　宝剑海滩

2 375　589　3 686　1 023　1 242　1 304

死亡、负伤、失踪

10 000　　　10 219

人员损失
总数

20 219

日，蒙哥马利向盟军领导人提交了他的计划。在他的计划中，盟军需要完成三个目标。第一，必须为远征军划定一个"宿营区"，保证可以安置人员和装备，并且必须为英国皇家空军和美国陆航提供临时基地，以避免空军不断往返于英法两国。第二，盟军应从这个区域出发，消灭德军主力。第三，他们要对萨尔和鲁尔发动进攻，以摧毁艾森豪威尔口中的"赋予德国力量的主要军火库"。此外，盟军不考虑进军柏林，因为这个目标太过遥远。

因此在登陆日，盟军将有5个师部署在5个海滩上，战线绵延约80千米。美国人负责犹他海滩和奥马哈海滩，英国人和加拿大人则负责黄金海滩、宝剑海滩和朱诺海滩。登陆日期和具体时间还有待确定。每种装备都设定了不一样的使用条件。海军要求海滩上的地表风速小于每小时8～12英里；空中部队要求战斗机的高度不低于1 000英尺，轰炸机的高度不得低于4 500英尺；空降部队要求的风速极低，并且为了确保夜空的亮度，空降当日至少应该是弦月。为了满足这些要求，登陆必须在新月或满月的前一天或后四天之间进行。排除5月，因为要腾出一个月的时间制造装备；也最好不要在7月，因为要尽可能地争取夏季作战，这样就只剩下6月。因此，出现了三个可能的日期：6月5日、6日和7日。如果错过这三天，"霸王行动"就会推迟14天或28天。另外，在海水退潮时登陆还是在涨潮时登陆呢？

第一种情况下，士兵不得不迎着敌人的火力跋涉很长时间；而在涨潮时下船，舰船则可能会因触碰到水中的障碍物而搁浅。因此高层采用了折中方案——在潮水涨到一半时登陆，这样一来盟军既不必承受太久火力，也更多地保障了舰船的安全。1944年5月15日，人们在伦敦的圣保罗中学隆重推出了总体登陆计划：登陆日前一天，午夜过后不久，英军第6空降师的8 000名士兵将在奥恩河和迪沃河之间降落，以夺取奥恩河大桥并摧毁梅维尔的强大炮台；接下来，美军第101空降师和第82空降师的15 000名官兵将会坚守犹他海滩后方，保卫重要战略点——尤其是圣梅尔埃格利斯；最后，3 467架重型轰炸机和1 645架中型轰炸机展开轮番轰炸，以摧毁大西洋沿岸的防御壁垒。在登陆开始的前45分钟，海军将从海上炮击德军防线——考虑到不同区域的潮汐时间有所不同，美军登陆区的炮击时间为6时30分，英加联军登陆区的炮击时间为7时45分。在前三个潮汐期间，共有130 000名士兵和20 000辆车登陆，共动员4 200艘运输船和1 200艘护航船，以及负责警戒的52个战斗机中队和30个预备编队。

尽管有强大的手段支持，但也不能百分之百地保证成功。盟军领导人充分意识到了这一点。正如历史学家泰里·考珀所说："每个人都表达了对行动成功的信心，但每个人也都担心行动会失败。"

指挥官

在德黑兰会议中，斯大林要求告知"霸王行动"总指挥官的名字，这让罗斯福和丘吉尔感到尴尬。原因很简单，因为该职务尚未指定人选。鉴于丘吉尔一直犹豫不决，美国陆军部长亨利·史汀生给罗斯福送去了一封亲笔信，请求他将这一职位交由一位美国人："尽管他们（丘吉尔和布鲁克）勉强表明会支持登陆行动，但他们太漫不经心了。要想在这样的政治氛围中开展行动、克服所遇到的困难，就需要一个拥有更多信念感和独立性、有更大魄力的人，而在英国指挥官身上是找不到这些的。因此，我认为是时候了，您应当决定是否让您的政府在这场欧洲战争中最后的伟大战役——登陆行动——中承担起领导责任，请指派负责人吧。"丘吉尔表示认同。因此，轮到白宫的主人做决定了。

罗斯福一度考虑过乔治·马歇尔。陆军参谋长马歇尔是一名优秀的外交官，也是一名出色的组织者，具备了所有必要的素质，虽然他在华盛顿已经退居二线，但他更应该在战场上绽放光芒。但是，如果罗斯福任命他为总指挥，他就无法在英美联合参谋长委员会中担任职务，"霸王行动"将会失去这位精明强干的捍卫者。如果艾森豪威尔取代了他，同时在英美联合参谋长委员会和参谋部任职的话，那么马歇尔将会成为他前下属的下属。最后，罗斯福决定将这个宝贵的副手留在身边，但以残酷的方式告诉了他这个消息——马歇尔在向斯大林口头宣布艾森豪威尔晋升消息时得知了这一事实。因此，艾森豪威尔接管了盟国远征军最高统帅部。这是一个很恰当的选择。艾森豪威尔时年54岁，在监督"火炬行动"的过程中展现了后勤才能。同时，无论是在与英国方面，还是在与令人不愉快的戴高乐谈判过程中，他都展现出了出色的协商能力。此外，他待人和善，能与军队保持不错的关系。唯一的不足是，这位参谋长从未在战场上指挥过，也并非以战略才能著称。然而，计划周密的"霸王行动"并不需要这些品质。

总指挥官是美国人，副手是英国人。第21集团军群的地面部队由蒙哥马利指挥——这一选择存在争议，但不可否认的是，阿拉曼战役的胜利者知道如何鼓舞士气，也知道如何筹备进攻。但他也许太过谨慎了，他的谨慎常常使他

"霸王行动"的盟军指挥官

"霸王行动"的指挥权由美国人和英国人共同掌握，但丘吉尔希望最高统帅艾森豪威尔的英国部下能够主导战略。

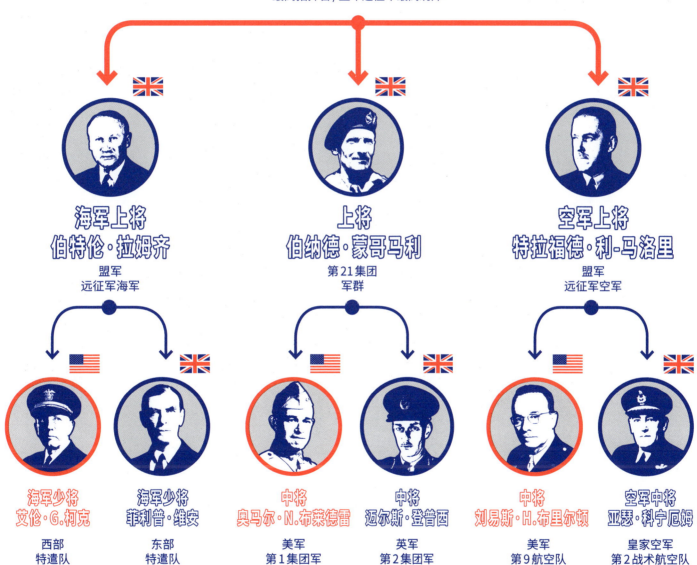

上将
德怀特·D.艾森豪威尔
最高指挥官/盟军远征军最高统帅

海军上将
伯特伦·拉姆齐
盟军
远征军海军

上将
伯纳德·蒙哥马利
第21集团
军群

空军上将
特拉福德·利-马洛里
盟军
远征军空军

海军少将
艾伦·G.柯克
西部
特遣队

海军少将
菲利普·维安
东部
特遣队

中将
奥马尔·N.布莱德雷
美军
第1集团军

中将
迈尔斯·登普西
英军
第2集团军

中将
刘易斯·H.布里尔顿
美军
第9航空队

空军中将
亚瑟·科宁厄姆
皇家空军
第2战术航空队

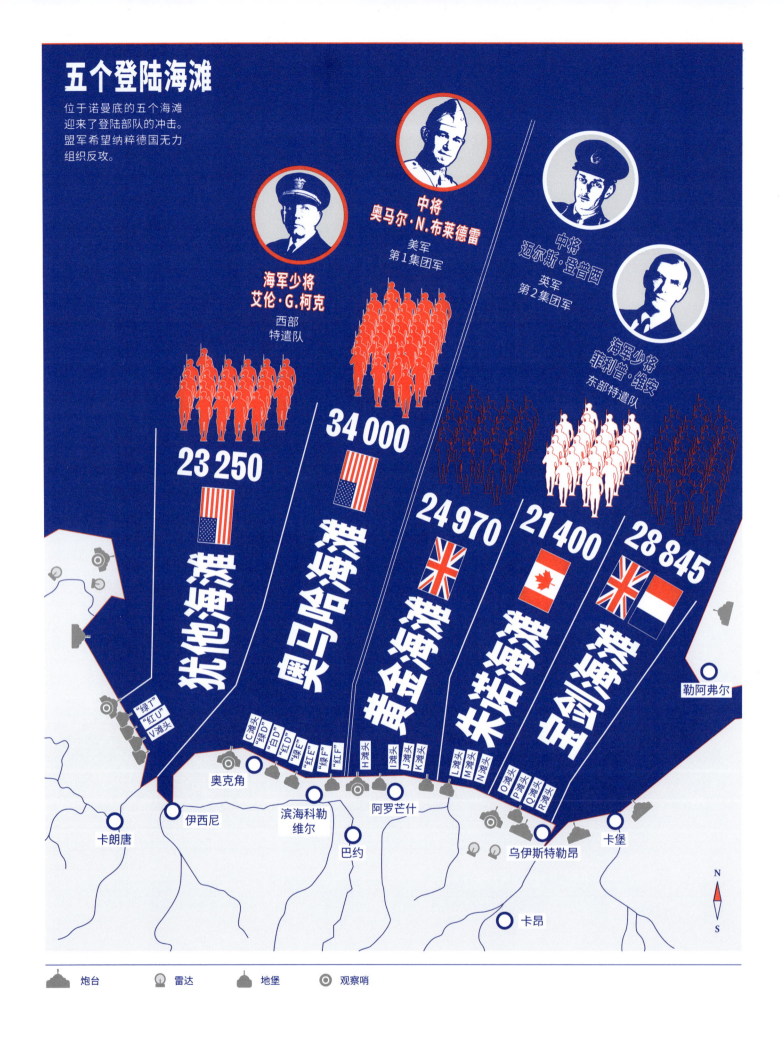

五个登陆海滩

位于诺曼底的五个海滩
迎来了登陆部队的冲击。
盟军希望纳粹德国无力
组织反攻。

中将
奥马尔·N.布莱德雷
美军
第1集团军

海军少将
艾伦·G.柯克
西部
特遣队

中将
迈尔斯·登普西
英军
第2集团军

海军少将
菲利普·维安
东部特遣队

23 250

34 000

24 970

21 400

28 845

犹他海滩

奥马哈海滩

黄金海滩

朱诺海滩

宝剑海滩

"绿T"
"红U"
V滩头

C滩头
"绿D"
"白D"
"红D"
"绿E"
"红E"
"绿F"
"红F"

H滩头

I滩头
J滩头
K滩头

L滩头
M滩头
N滩头

O滩头
P滩头
Q滩头
R滩头

奥克角

伊西尼

滨海科勒
维尔

巴约

阿罗芒什

乌伊斯特勒昂

卡堡

勒阿弗尔

卡朗唐

卡昂

N
S

炮台　　雷达　　地堡　　观察哨

无法利用战果扩大优势。历史学家安东尼·比弗补充道："他自私、野心勃勃、冷酷无情，自负到近乎愚昧。"

比起蒙哥马利，艾森豪威尔更愿意相信哈罗德·亚历山大。但英方已经决定将亚历山大留在意大利战区，并对他寄予厚望。同时，利-马洛里任空军司令，海军上将拉姆齐负责指挥海军部队。这种结构看似公平，但公平的表象之下，掩藏的是英国人阴险的算计。艾伦·布鲁克承认："（我们）将艾森豪威尔推到了聚光灯下，让他担任最高统帅，他可以自由地在这种崇高的氛围中处理盟军的内部问题和政治问题。与此同时，他的副手们会处理具体的军事事务。"换言之，英国人希望艾森豪威尔专注于处理政治事务（他在阿尔及尔已经尝到了甜头），同时向下放权，让他的副手们能够依照自己的意愿开展行动。

领导人之间看似和睦，实则暗流涌动。英国飞行员痛恨利-马洛里：在不列颠之战之后，他将本该属于帕克和道丁[1]的战功据为己有，并且心态悲观、优柔寡断，他总是不愿意投入兵力，直接导致艾森豪威尔不得不任命特德为副司令。作为英美合作战略的支持者，这位将军曾在北非战场大放异彩，真正促进了联合作战。不过，特德和蒙哥马利却互相厌恶。

最后，艾森豪威尔需要为3个集团军、12个军以及50个师指派指挥官。为此，他不遗余力地动用自己的关系网，任命了一批他曾经在西点军校的老同学——在这个过程中，他征求了美军第1集团军司令布莱德雷的意见，也听

从了参谋长沃尔特·史密斯的建议。虽然史密斯外表粗犷、举止粗鲁，让下属们感到害怕，但艾森豪威尔还是善于采纳他的建议。本着友爱互助的精神，这些问题逐渐得到了解决。

接下来要确定每个人的职责，这并非易事。理论上，艾森豪威尔能够统率三军，但他实际上无法控制英国皇家空军轰炸机司令部和美国陆军战略航空兵司令部。特别是这两个部门的领导人——哈里斯和斯帕茨——都打算继续对纳粹德国进行战略轰炸，且不愿将兵力分配给登陆行动。一怒之下，艾森豪威尔于1944年3月22日提出辞职。4月7日，英美联合参谋长委员会向他做出了让步。两支航空兵部队将"根据他与空军参谋长之间达成的协议"，接受他的监管。但是艾森豪威尔也不算取得真正的胜利，因为在这份指令中，他只是"监管"，不是"指挥"……

即便存在多重阻碍，也有无数次的自我纠结，艾森豪威尔还是成功地操纵起了盟国远征军最高统帅部这台庞大的机器——这是一番了不起的壮举。因为在山的另一边，轴心国成员——德意志和意大利——从未建立起真正的有信任感的合作，更不用说日本了。从这一点来看，艾森豪威尔则能让盟军内部保持和谐，直到取得最终的胜利。然而，这并不意味着，士兵们都会奉行政治宣传灌输给他们的军事口号。

1　休·道丁，时任英国皇家空军战斗机部队司令；基斯·帕克，第11大队指挥官。——编者注

为"霸王行动"选择指挥官可谓是一件棘手的事情。可以预料到，能力并非委派的唯一标准。艾森豪威尔更倾向于将指挥权交给亚历山大而不是蒙哥马利，但丘吉尔执意要求将亚历山大留在对他而言更为重要的意大利战区。与之相对，艾森豪威尔获得了特德的支持，而蒙哥马利自中东战争以来就不喜欢他。总之，军事平衡、地缘政治需求、战略观点等多种因素交织在一起，最终形成了一个尽管有些瑕疵但总体运转良好的指挥组合。

从左到右分别为：布莱德雷、拉姆齐、特德、艾森豪威尔、蒙哥马利、利-马洛里和史密斯，摄于1944年2月15日。

虽然美国陆军参谋长乔治·马歇尔和陆军部长亨利·史汀生研究过作战地图，但他们几乎从不干预具体战略，而是让艾森豪威尔自己做决定。在美国，政界人士很少插手作战指挥：他们决定"做什么"，让将领决定"怎么做"。这与英国形成鲜明对比，身兼国防大臣的丘吉尔事无巨细，以至于有时会让手下的战略家们感到无可奈何！

艾森豪威尔极富人情味，时刻心系手下将士的安危。他常常因为担心伞兵可能会有伤亡而夜不能寐，也会在他们出发前为他们加油打气。1944年6月5日20点30分左右，他前往伯克郡的格林汉姆公地机场，与第101空降师的伞兵亲切交流，表达他的关怀。尽管士兵们热情友好地欢迎了他，但艾森豪威尔还是难掩内心的悲伤。"回到车里时，他告诉我："当我凝视着这个士兵的眼睛，我心里想的是我可能要送他去死，这真是太难了。'我看到他眼里饱含泪水。"他的助手兼司机凯·萨默斯比回忆道。

德怀特·D.
艾森豪威尔

1890　　　　　　　　　　　　　1969

1943 年 12 月 6 日，德怀特·艾森豪威尔被任命为盟国远征军最高统帅部总统帅。

从表面上看，这是一个让人大跌眼镜的决定，即将展开的登陆行动以及后续的战役都十分关键，但这位年轻的将军似乎从未经受过战争的洗礼。艾森豪威尔毕业于西点军校，曾多次请求参加第一次世界大战，但都没有得到参战机会，大部分时间都是在参谋部任职。1935—1938 年，艾森豪威尔在菲律宾担任军事顾问。蒙哥马利毫不客气地指责道："我不认为艾森豪威尔是一名真正意义上的伟大

军人。如果他拥有直接指挥一个师、一个军或一个集团军的经验，倒能称得上'真正的军人'。但很不幸，他没有。"作为战争计划部的负责人，艾森豪威尔于 1942 年 6 月 24 日被任命为欧洲战区的司令，并监督了北非登陆行动（"火炬行动"）以及突尼斯、西西里岛和意大利战役。

但在战略层面，他并未发挥太大作用，而是将指挥权交给了英国的肯尼思·安德森和美国的劳埃德·弗雷登德尔。在此期间，他表现出了出色的后勤能力和外交能力，而"霸王行动"正需要拥有这

两种素质的指挥官。登陆行动和第二次法国战役，难道真的需要所谓"战略天才"吗？埃里希·冯·曼施泰因在 1940 年构思的战略方案大胆而新颖，引发轰动，但"霸王行动"不然，它的经典之处在于其实施性已经经过了多方的实战验证。因此，"霸王行动"对战略水平的要求并不高，其重点在于能否及时输送足量的人员和物资。比起那些在政治和军事舞台上拥有强大个性、锋芒毕露的人物（从丘吉尔到戴高乐，再到巴顿、蒙哥马利和布莱德雷），能够圆滑地处理各种事务更为关键。从这两个角度分

析，无论是艾森豪威尔的外交手腕，还是他在北非战场获得的经验都弥足珍贵。尽管他与蒙哥马利、戴高乐，甚至是丘吉尔之间的关系紧张，但他还是不辱使命，成功地完成了这项复杂的行动——虽然从一开始，就没人保证他会成功。

"我不认为艾森豪威尔是一名真正意义上的伟大军人。
如果他拥有直接指挥一个师、一个军或一个集团军的经验，
倒能称得上'真正的军人'。但很不幸，他没有。"

——伯纳德·蒙哥马利将军，《回忆录》，1958 年

"自从三年前你抵达英国起，你就一直以宽容大度的方式行事。你的表现始终如一、恰当得体。你在军事决策上表现出的勇气和智慧同样令人钦佩。你书写了历史，为人类的福祉缔造了伟大的时刻。"

——乔治·C.马歇尔致艾森豪威尔的一封电报，1945 年 5 月，华盛顿

以战斗之名？

后人喜欢将英美士兵视为"自由战士"——他们满怀热忱、燃烧自己，为击溃将欧洲人民囚禁在枷锁之下的纳粹侵略者而浴血奋战。在《最长的一天》等电影的宣传下，这样的形象被广泛地深植在人们的脑海里。然而事实真的如此吗？用艾森豪威尔在其《回忆录》中的话来说："萨米们和汤米们并非心甘情愿满怀热情地投入到这场伟大的圣战中的。事实上，他们的内心一直惴惴不安。"

当然，美国大兵普遍支持他们总统的战略构想。1942年的一份问卷调查显示，66%的受访飞行员认为美国应该继续作战，直到他们能够保证全世界人民都获得民主自由。同样，52%的入伍新兵支持"德国优先"原则，70%的人支持"有条件投降"原则，因此和谈并不是美国考虑的选项。然而，这些看似美好的和谐掩盖着令人担忧的裂痕。至1944年3月，38%在欧洲服役的军官表示坚决支持战斗，但还是有许多人，"偶尔"（22%）、"有时"（29%）甚至"经常"（11%）怀疑这次战斗的意义何在。与之相对地，大部分人并不反对深入日本战场。1944年春，在南太平洋

服役的军官中，77%的军官反对与东京谈判，只有45%的驻欧洲军官与柏林持相同的立场。换句话来说，美国对纳粹德国抱有较少的敌意，以至于有66%曾经在地中海与德军对阵过的退伍军人承认，他们从未听说过纳粹集中营的不人道事件。种种怀疑削减了军人的士气。"我发现很多士兵并不在乎战斗，"第5集团军的精神科医生卡尔文·德雷尔少校指出，"我们正带着一支没有斗志的军队作战。""他们并不仇恨敌人，但他们应该去恨。当他们开始憎恨敌人的时候，他们就会成为更优秀的战士。"托马斯中校补充道。戈培尔医生敏锐地捕捉到了美国军队的这一短板，他在日记中写道："美国人非常清楚，欧洲战争不会带给他们任何好处，对他们而言，真正的战场在太平洋。这就是美国人在意大利战区表现得如此糟糕的原因，他们只想尽快回家。"诸多因素导致了他们的战斗热情低下。一方面，居住在美国的德裔数量庞大（1914—1939年，超过500 000的德国人在美国定居），并且他们和当地人相处融洽，因此美国人不会妖魔化"德国人"。另一方面，入伍的新兵几乎不关心战争的

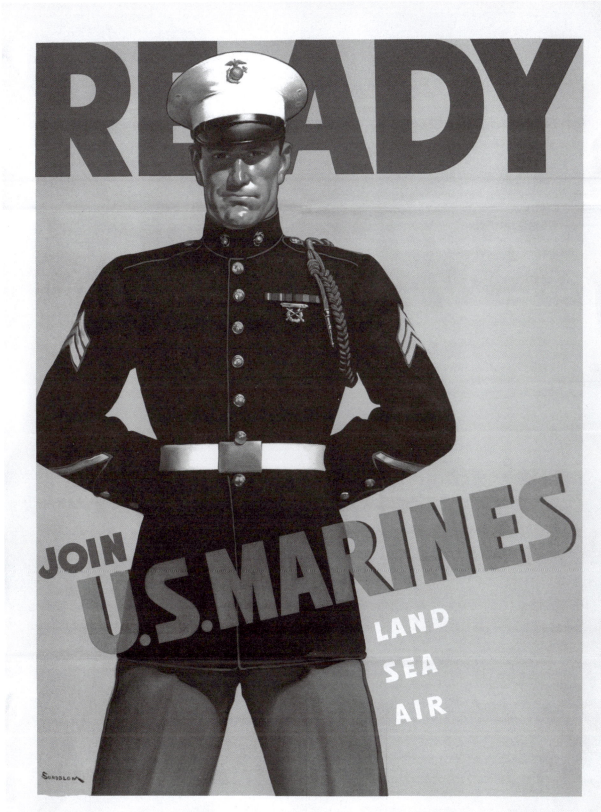

APPLY, OR WRITE, TO NEAREST RECRUITING STATION

虽然美国推行了征兵制度，但一些兵种仍延续志愿服役制。因此海军陆战队凭借自身作为精锐部队的声誉及其悠久的历史（成立于1798年），努力吸纳着新鲜血液。然而，这幅海报并没有完全透露实情。它并没有说明海军陆战队的大部分将部署在太平洋，并且他们不得不在硫黄岛和冲绳岛等地区冒着巨大风险艰苦作战。

美国的政治宣传工作遇到了严重的阻碍。例如这张1942年的海报试图展示纳粹德国和日本的霸权主义野心。诚然，因为日本曾卑鄙地发动了珍珠港事件，美国更倾向攻讦偷袭他们的"旭日帝国"，有时还会有"黄祸"这种带有种族主义色彩的陈词滥调。但要攻击希特勒的纳粹德国则比较困难，主要原因是美国有一个庞大的且已完全融入美国社会的德裔移民群体。

80 000
英国士兵

40 000
美国士兵

70 000
美国人

59 192
英国人

意识形态问题——这可能是因为其文化素质普遍较低，有60%的白人士兵和20%的黑人士兵高中都没毕业。

保罗·弗塞尔说："第一次世界大战的战斗人员意志是笃定的、目标是明确的，与之相反，参与第二次世界大战的美国人是困惑的——至少在初期是这种状态。"第一次世界大战遗留的痛苦根深蒂固，宣传部门很难驱散人们心中的阴影。保罗·弗塞尔同样指出："士兵给人的感觉很萎靡，在他们身上，我看不到任何战斗激情，仿佛他们只是在重复第一次世界大战的不幸经历。"换句话说，美国士兵并不认同他们领导人所追求的战争目标。

英国军队也有类似的情况。不过，在地中海战场取胜后，国王陛下的战士们开始重拾信心——那些在阿拉曼战役之前、让北非远征军士气低迷的种种疑虑也都被打消了。但汤米们绝不笃信崇高的理想。1944年5月的一份研究报告指出："战争在持续着……但这丝毫没有动摇英国上兵消灭纳粹和抵制其恶劣行径的决心。不过，战线拉得越长，士兵们就越重视自己的服役条件以及亲眷们的生活条件。"

另一个令人不安的现实是，与其说士兵对战斗本身感兴趣，不如说他们是在期待战后的美好生活。1942年11月发布的《贝弗里奇报告》承诺，战后会建立一个拥有极优社会福利和免费医疗系统的国家。这个仿佛"新耶路撒冷"般的计划激发了人们心中巨大的渴望。1943年9月的一份报告指出，许多人期待"通过一场深刻的社会变革来建立乌托邦"。然而，要享受这个"天堂"，就必须活着从战场中回来——这会不会导致战士们在战斗中不敢冒险？两次世界大战中的和平主义者鼓励这种态度。伯纳德·蒙哥马利向大英帝国总参谋长艾伦·布鲁克坦言："他们并不是天生的杀手。"最后，下属与上级之间存在着一道鸿沟。指挥官们往往出身优越，并且大都接受过著名的公学教育。1943年8月—10月的一份报告指出："士兵们认为军队是一个机构，是一个没有归属感的地方，领导他们的人无法引领他们，也代表不了他们。"许多军官比他们的下属还年轻，这让他们"胆怯"。许多军官"自私、缺乏想象力"，对自己的下属毫不在意。这些社会分歧影响着英国军队的凝聚力。

与以意志坚定（不如说是"狂热"）著称的德国士兵不同，英美士兵对战斗的意义心有疑虑。盟军在1944年春筹备的登陆行动无疑蕴含着巨大的能量，但低迷的士气可能会使行动达不到预期效果，更不用说这些士兵还缺乏战斗经验。

美国领导人在政治宣传上下足了功夫，并往往依赖私人机构——好莱坞为此做出了巨大贡献。比如这张海报的目的是呼吁人们加入声名显赫的海军陆战队。它不仅唤起了人们心目中关于第一次世界大战的陈年记忆（扁平头盔和刺刀），那句"他们不得通过"还显得十分暧昧，暗示战争已经威胁到了美国本土。但事实并非如此。美国彼时面对的并不是纳粹德国或旭日帝国对其领土的潜在入侵，而是在对抗这两个国家主张的霸权主义。

如何保证士兵们士气高涨的同时拥有必胜的决心？这是一项重大的挑战。事实上，士兵们对部队的宣传持怀疑态度，他们几乎不相信那些所谓的口号。这当然是因为他们还记得第一次世界大战中那些言过其实的宣传。但军需部门没有气馁。他们经常发行报纸和小册子，既为了宣传，又为了供士兵们娱乐。照片中，第303轰炸机大队的士兵正在看电影，摄于1943年春。

训练

登陆行动一定伴随着高风险，因为海路运输会增加整体行动的危险系数。此外，一切迹象都表明——加上德国国防军的高度专业化——第二次法国战役不会是一次轻松的军事行动。因此，对士兵的训练无比关键。虽然自1939年9月动员之后，英国军队就已经经受了战争的洗礼，但在他们之后加入战局的美国战友在战场上则较为稚嫩，并没有类似的战斗经验。此外，英美联军在北非的首战暴露出了令人担忧的缺点，而卡塞林的锥心失败更加残酷地印证了这些缺点。1943年2月20日，美军在突尼斯山口遭遇隆美尔部队袭击，美军溃不成军，最后丢弃了大量装备，6 000人死亡和被俘，而德军只损失了201人。

为了提高战斗人员能力，五角大楼试图改进对士兵的训练方式，考虑到英国没有可供训练的大面积土地，所以训练在美国进行。一般情况下，入伍的士兵会进入一个专门的新兵中心，后勤部门会为他们配发装备。接着，新兵会被送往另一个营地，在那里，他们会学习军纪军礼，并接受基础的军事训练。最后，他们会被分配到不同的兵营中，并在军队中完成训练。为了将平民训练成合格的士兵，英美指挥官采用了一些高效技巧：去个性化、去隐私化、强迫社交、限制睡眠，同时制定严格的时间表和铁一般的纪律。在美军营地，晨号于6点05分吹响，训练从早上8点持续到下午5点30分，晚上9点45分准时熄灯。这些纪律是琐碎的，甚至是带有虐待性质的，而且常常也是吹毛求疵的。

然而，对于直接参战的部队来说，这些训练方式仍不完善，更不用说那些增援部队本身就训练不足。1944年卡西诺战役结束后，在接受采访的1 000名士兵中，三分之二承认他们在地雷、陷阱、战术和对敌防御等方面的训练有限。1944年2月，人们对服役于美国陆军5个师的12 000名士兵进行了调研，结果相当矛盾：65%的士兵认为自己已经可以面对战争，但只有28%的士兵表示自己愿意参加军事行动；50%的士兵认为自己已经接受了足够的训练，但只有35%的士兵表示自己的身体状况良好。这一结果显然不是那么振奋人心。

除了这些基础训练之外，不同的指挥官还尝试让自己的士兵为登陆行动及一些特定任务做好准备。例如，"克鲁申"演习的目的是让第54步兵师熟悉

北非战役和意大利战役的结果清楚地表明，军队的失败往往源于训练不足。为避免重蹈覆辙，盟军领导人开始对部队进行全面又细致的训练准备（这张照片展示了1944年5月美国陆军游骑兵部队的训练场景）。但训练并不能解决所有问题，士兵们在诺曼底的乡村丘陵地带的实战中才能掌握真正的作战技巧。

美国士兵

（1944年2月，
调查人数 12 000 人）

做好了 战斗准备	愿意 参战	训练 充分	身体状况 良好
65%	28%	50%	35%

盟军为登陆行动做了精心的筹备，并组织了大量的军事预演（照片中展示的是1944年4月22日—30日为登陆犹他海滩准备的"老虎"演习）。但这幅平静的画面无法叙述事件的一切。同月28日，正在演习中的部队遭到德军鱼雷的袭击，损失惨重。更普遍的情况是，指挥官们对部队的表现感到忧虑，认为他们并没有为这次"伟大的远征"做好准备。

"老虎"演习

1944年4月28日

638 ✝ 官兵
死亡

2 LST
被击沉

1944年4月28日，德军突袭斯拉普顿沙滩。盟军伤亡惨重，共有638名官兵失去生命，多艘船只遭到破坏，损失了大量装备。照片中的这艘美国坦克登陆舰损毁严重，正在艰难地驶入达特茅斯港口。

如何攻克混凝土材质的防御工事;"菲利巴斯特"演习的目的在于研究如何攻克一个港口;"詹特森"演习的目的是让士兵熟悉海滩的维护工作。美军在德文郡的伊尔弗勒科姆建立了一个军事中心,专门训练士兵登陆和占领防御工事。后来在1943年12月,美军购买了位于达特茅斯附近的斯拉普顿沙滩,分配给美军第1集团军用于组织演习。"鸭子一号"演习(1944年1月4日—6日)旨在训练各个兵种间的合作(尤其在坦克登陆艇的装卸过程中,以及海滩行动的组织层面)。"法比乌斯一号"至"法比乌斯六号"演习(4月23日—5月7日)动员了所有部署在卡昂—伊西尼地区的部队,集中进行集结、登船、登陆以及海滩部署等训练……"老虎"演习(1944年4月22日—30日)旨在训练登陆犹他海滩的部队,但其最后一次演练因为德国海军的突袭而被迫中断。4月28日凌晨2点20分,德军的鱼雷艇突然向训练中的驱逐舰群开火,两艘坦克登陆舰被击沉,还有一艘损坏严重,638人因爆炸或溺水而亡。盟军担心德军会审讯俘虏或趁机截获机密文件,因此花费了很长时间打捞尸体——最终牺牲的官兵被秘密地埋葬在德文郡的一处农庄里,而那些幸存的伤员则被隔离在医院里,一旦他们泄密,就会面临被送上军事法庭的威胁。总的来说,这场灾难造成的伤亡人数比6月6日当天在犹他海滩上折损的人数还要多。

最终,这些演习暴露出了一些严重的问题。"鸭子一号"演习反映的问题有:海军和陆军之间缺乏协调性、人员多次违反安全规定、部队编制超额、车辆荷载过度。当然,军队在车流控制、联合兵种协调以及船舶管理等方面也不尽如人意。不过从另一方面来看,集结过程和装载流程确实令人满意。但这两点所带来的安慰显然微不足道。"老虎"演习结束时,艾森豪威尔将军的副官哈里·布彻悲观地说:"美国的年轻军官缺乏韧性与活力,对此我深感担忧。他们似乎认为战争是一场大型的演习,是一场可以让他们获得乐趣的儿戏。他们中的许多人就像刚发芽的小麦一样稚嫩,他们在战斗中会如何表现?三个月之后又将是什么样子呢?"隶属布莱德雷参谋部的拉尔夫·英格索尔也表示:"整个冬天,每一次两栖机动演习都比上一次更糟。我们非但没有进步,反而是在倒退。"与此同时,尽管德意志第三帝国不断遭到盟军的轰炸,但丝毫没有展露出崩溃的迹象——这一切的一切,都预示着战势会朝着一个不祥的方向发展。

温斯顿·丘吉尔热爱战争，从不放过任何参观战场或试用武器的机会。1944年3月，丘吉尔在视察美军部队时禁不住诱惑，试用了一把汤普森冲锋枪，而他身边的艾森豪威尔则有些不耐烦。距离登陆日仅剩3个月的时间，比起陪着首相纵情于他的爱好，这位总司令无疑还有更多重要的事情要做。

为使登陆行动取得成功，总参谋部筹划了一系列的地面和水上演习。照片展示的就是1944年6月1日美国陆军游骑兵在韦茅斯附近进行的一次演习。当天英国沿海晴空万里，但1944年6月6日的天气状况则完全不同。虽然整体行动进展得相对顺利，但负责肃清奥克角附近火炮的游骑兵则在行动中经历了地狱般的痛苦，伤亡惨重。

轰炸

35 317
死亡
1944年

✝ **53%**

法国平民在 1940—1944 年死于盟军空袭的人数占死亡总人数的比例。

　　空军指挥官坚信：战略轰炸终将让纳粹德国屈服。英国皇家空军和美国陆航通过轰炸德国的工业设施，可以破坏其经济潜力；通过烧毁德国的城市，可以激起民众对纳粹领导人的愤怒。1943年1月，盟军在卡萨布兰卡会议上敲定了这一战略，同年4月29日通过的"直射行动"进一步明确了战略细节：轰炸范围涉及分布在76处的6类关键工厂（潜艇、滚珠轴承、石油等）。英国轰炸机司令部的指挥官哈里斯和美国陆军战略航空兵司令官斯帕茨对这一计划寄予厚望，但最终的结果令他们大失所望。虽然纳粹德国的生产力水平在一定程度上被削减了，但也只是相对的，并且存在争议。有人说1942年的削减比例是2.5%，1943年下降了9%，1944年是17%；而另一些人则认为，1942年的数据是0.5%，1943年上半年为3.2%，下半年为6.9%，1944年则为1%。事实上，经历了轰炸的德国人非但没有起义，反而更加迫切地向纳粹政权聚拢。与之相对，盟军的空袭迫使希特勒政权不得不向防空领域投入大量资源。例如1944年，纳粹德国就动员了超过130万名防空兵（不限男女）。德国空军全线

戒备，保卫领土——这项任务让纳粹德国付出了惨重的代价。1944年，德国空军在战斗中损失了15 327架飞机（其中81%是战斗机），此外发生事故的飞机高达15 000架。那些用于对抗轰炸的德国空军被牢牢牵制，他们无法支援抵御登陆的部队。

　　然而，哈里斯和斯帕茨的构想并没有打动艾森豪威尔将军，总司令还有其他更为重要的任务。他必须保证己方紧握制空权，其一是为了防止德国空军对舰队和登陆部队造成威胁，其二是预防德军向诺曼底的重要防御设施派遣增援部队。因此，他听从了索利·祖克曼的建议。这位杰出的动物学家在战场上则是一位空战专家，他建议有组织地进攻敌方的铁路网，使敌人的后勤陷入瘫痪。尽管斯帕茨反对祖克曼的"运输计划"（他更愿意摧毁石油相关设施），但该计划还是被采纳了。"运输计划"的目标是在90天内打击德国境内的39个目标，以及位于法国和比利时的33个目标，这些目标主要是修理厂和铁路枢纽。1944年3月，盟军的首轮攻击瞄准了铁路网络；4月，法国和比利时的铁路中心和火车

与其全面摧毁大西洋壁垒、引起德军注意，英美的战略家们更倾向于摧毁敌人的运输线路，尤其是铁路网。他们计划让诺曼底成为一座孤岛，阻止德军的增援部队抵达前线。英国皇家陆航和美国陆航没有吝啬身上的弹药。例如，1944年3月6日，美军第9航空队的130架"劫掠者"中型轰炸机摧毁了埃纳的伊尔松火车站。虽然被破坏后，该铁路枢纽在超过1个月的时间里无法使用，但此次轰炸仍造成了46名平民死亡。如此惨重的伤亡情况令丘吉尔忧心忡忡，他害怕遭到法国人的报复。但艾森豪威尔却选择忽略这一点：担心造成人员伤亡绝不能威胁到"霸王行动"的成功。

在法国进行的封锁轰炸

1944年5月—8月

登陆日之前的轰炸目标并不是诺曼底地区。盟军通过轰炸法国北部和塞纳河谷来封锁未来的作战区域。

目标：

- 第一线
- 第二线
- 铁路运输
- 公路运输
- 巴黎—奥尔良地区
- 铁路轨道

轰炸之下的法国

仅在1944年向法国投放的炸弹量就占整个战争期间向法国投放炸弹总量的80%。详情如下：

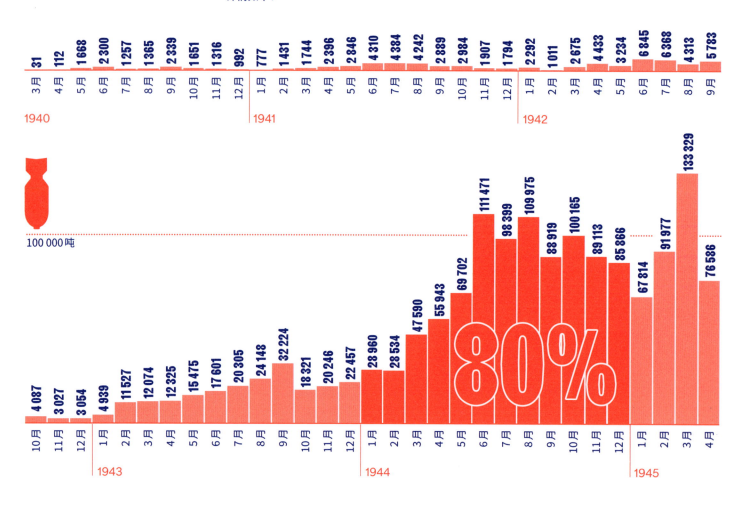

	3月	4月	5月	6月	7月	8月	9月	10月	11月	12月
1940	31	112	1668	2300	1257	1365	2339	1651	1316	992

	1月	2月	3月	4月	5月	6月	7月	8月	9月	10月	11月	12月
1941	777	1431	1744	2396	2846	4310	4384	4242	2889	2984	1907	1794

	1月	2月	3月	4月	5月	6月	7月	8月	9月
1942	2292	1011	2675	4433	3234	6845	6368	4313	5783

100 000 吨

80%

	10月	11月	12月
	4087	3027	3054

	1月	2月	3月	4月	5月	6月	7月	8月	9月	10月	11月	12月
1943	4939	11527	12074	12325	15475	17601	20305	24148	32224	18321	20246	22457

	1月	2月	3月	4月	5月	6月	7月	8月	9月	10月	11月	12月
1944	28960	28534	47590	55943	69702	111471	98399	109975	88919	100165	89113	85866

	1月	2月	3月	4月
1945	67814	91977	133329	76586

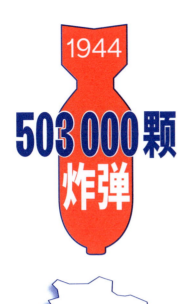

1944

503 000颗炸弹

头遭到攻击；5月，盟军开始重点轰炸桥梁，但这次的轰炸行动却在当月10日中断了：根据盟军的轰炸习惯，德国空军第3航空队精确地推断出前者将在勒阿弗尔和瑟堡之间进行轰炸。因此直到5月24日，塞纳河上的空战才重新开始，而卢瓦尔河上空的战斗直到6月6日才真正打响。

总体而言，盟军向"运输计划"投入了大量资源。及至登陆日，盟军空军总共投掷了76 200吨炸弹，其中71 000吨都落在了铁路枢纽上。与之相对，为了避免引起敌人的注意，盟军并没有集中轰炸沿海的防御工事。1944年4月中旬—6月5日，盟军只向敌人的海防区投放了10%的炸弹，而这些炸弹中，只有三分之一瞄准了计划中的登陆区域。尽管如此，盟军也没有放弃轰炸德国领土。美国陆航袭击了奥地利和德国南部的仓库、飞机厂和石油设施，英国轰炸机司令部则袭击了丘吉尔最为惧怕的新型武器——V1、V2飞弹——的发射场。

对法国发动空袭会引发政治问题。考虑到法国平民会受到牵连，英国人担心这条鲜血的鸿沟会横亘在法国人和他们的解放者之间——嫌隙会降低法国人的战斗热情，而英国皇家空军的声誉也会受到无法挽回的损害。这种担忧并非毫无依据：维希政府开始大肆宣传，猛烈抨击英方的空袭；菲利普·贝当在1944年4月19日视察了被摧毁的鲁昂，5月9日再次视察，最后在"流血周"（5月25日—6月4日）期间三度到访鲁昂。4月3日，丘吉尔曾要求艾森豪威尔放弃这种致命的战略，后者则回应会尽力减少伤亡，但他也补充说明："如果不采取一切可采取的措施来增加'霸王行动'的成功率，那才是'完全的疯狂'。"尽管他在4月29日暂停了轰炸，但5月5日又恢复了行动，因为他"不愿意影响大局"，也因为他发现实际的伤亡情况低于预期。

无论如何，盟军避免在法国开展像德国领空那样的大规模破坏性战争。6月2日，艾森豪威尔在致空军领导人的一封信中提醒道："人性，以及我们奋斗的目标，都要求我们要时刻小心，不要波及平民。"尽管如此，法国平民仍旧是战争中最大的受害者。1944年，503 000颗炸弹（占战争期间投放炸弹总量的80%以上）落在了法国土地上。平民死伤无数，35 317人死于空袭（占1940—1944年盟军空袭造成死亡总数的53%）。

胜利是有代价的。无论战略背后的政治目的如何、涉及的道德问题又如何，艾森豪威尔必须不惜一切代价确保登陆行动的成功。他的目标是摧毁德国空军，阻止他们支援诺曼底前线。为了达成这一目的，他不惜兵行诡道、剑走偏锋。

为确保登陆行动的成功，英美军队对法国部分城市进行了狂轰滥炸，其中一些甚至被夷为平地，如利雪（上图）和圣洛（对页图）。但轰炸的效果令人失望，因为德军通常会将防御工事设置在城镇外围——例如卡昂。炸弹造成的大量弹坑阻碍了坦克的推进，也造成很多非军事目标的所谓"间接性伤亡"。在解放下诺曼底时，约14 000名当地人丧生。

坚忍行动

全是假的

150
假的马克 II 型
坦克

165
假的马克 V 型
坦克

50
假的充气式马克 V 型
坦克

36
假的"喷火"战斗机
中队

20
假的 P-51 战斗机
中队

250
假的坦克登陆艇

一支"幽灵大军"
350 000
人

为阻止德军派兵增援诺曼底，英国人打算实施欺骗战术——众所周知，他们极为擅长这种战术。例如，在西西里登陆战（1943年7月10日）之前的"绞肉行动"中，他们将一具携带秘密文件的军官尸体随便扔到西班牙海滩上，希望佛朗哥当局会将这具尸体奉送给他们的"纳粹朋友"。此次行动的成功让国王陛下的情报部门充满信心，决定如法炮制另一场行动。但是，由于德国人已经预感到了盟军即将"入侵"（纳粹称之"入侵"），英国人并没有试图否认，而是决定用错误的时间信息和地点信息误导敌人。

1943年11月20日，一道指令确定了坚忍行动的三个核心目标："使敌人相信……主要进攻目标是加来或加来东部……使敌人掌握错误的进攻日期和时间等信息；在真正进攻展开期间及之后的一段时间内，尽可能多地将纳粹德国的空军和陆军牵制在加来或加来东部。"在德黑兰会议上，盟军领导人同意展开情报战，尽管罗斯福对此持怀疑态度。整个行动代号为"保镖"，因为丘吉尔说："在战争时期，真相是如此珍贵，以至于必须由无数的谎言来保护。"

（"谎言保镖"）

历经多次修改，英国特别行动处于1944年2月通过了一项计划，该计划分为两个部分。"北部坚忍行动"的目的是让敌人相信，盟军将于5月初在挪威登陆。为了让这个谎言看起来可信，他们虚构了一支由350 000人组成的第4集团军，由安德鲁·索恩指挥。这支军队进行了大量的假无线电通信，并且有意无意地泄露了一些信息。驻挪威的英国特工要么大张旗鼓地询问克约内尔山脉的积雪情况，要么就是问翁达尔斯内斯的赖于马河上的桥梁能否供坦克通行。苏联协助英方完善了这个谎言，他们对瓦尔德和贝尔韦拉格之间的挪威海岸进行了海空侦察，并散布谣言称他们不会在夏末之前发动攻势。6月1日之后，"北部坚忍行动"暂时告一段落，以便"南部坚忍行动"能够全面开展。

"南部坚忍行动"的任务是，宣传盟军将于7月底向格里内角派遣6个师、最终会动员50个师占领布鲁塞尔和安特卫普的假消息。鉴于比利时的港口极为重要，占领这两个地方本身就十分合理，这个谎言的可信度很高。因此自1944年4月24日起，盟军就开始频

"坚忍行动"的主要任务是误导德国人，为完成这一目标，盟军（主要是英国）使出了浑身解数，他们用木头和充气橡胶制造了大量假坦克、假军舰和假飞机（照片中是假的谢尔曼坦克）。

这一计划取得的成果十分有限：德国空军的侦察机数量较少，因此"前排观众"寥寥无几。但"嘉宝"的胡言乱语为盟军带来了意料之外的成功。

繁地模拟无线电活动，并且为了迷惑敌人，还建造了假的坦克、舰船和飞机的集结点。然而，他们并不是真的相信这些设施能够骗到德国人，因为英国本土并没有德国间谍，而且德国的飞机也无法飞越不列颠群岛拍摄到这些假设施。英方真正的目的是利用双重间谍（"双十体系"）来传递假情报。传奇人物"嘉宝"在这一方面发挥了极大的作用。

"嘉宝"真名胡安·普约尔·加西亚，来自加泰罗尼亚。他最先被德国国防军招募，希望被派往英国，并试图加入英国情报部门，但军情六处委婉地拒绝了他。随后，他向他的德国线人发送了一些奇怪的情报，这些情报来自他的想象力、英国旅行指南和相关书籍。英国人通过"超级机密"行动截获了他们的往来信息，结果发现，德国人居然相信了"嘉宝"的胡言乱语。因此英国人秘密地招募了他，并让他继续迷惑德国人。在情报方面，普约尔是一位精雕细琢的匠人。他声称自己将27名特工安插在重要的岗位上：其中有一人在战争部任职，有一位健谈的中尉在第49步兵师服役，还有一人在第21集团军群的食堂工作。为了与德国联络，普约尔会用秘密无线电台发报，或用隐形墨水将信息发往马德里，他的上级再把情报转发到柏林。德国人紧张地解读了普约尔发送的315封信件和1 000余条信息。例如，他在1944年1月24日宣称："英美很快将会进攻欧洲大陆。"此外，其他特工也为"南部坚忍行动"的成功做出了贡献，例如年轻的南斯拉夫人达斯科·波波夫（代号"三轮车"），波兰军官罗曼·加尔比-切夫尼亚夫斯基上尉。

附属计划也让"南部坚忍行动"变得更完善。"齐柏林行动"宣称英美联军将进攻希腊和南斯拉夫，而"复仇行动"称盟军将在塞特和纳博讷之间登陆。简而言之，盟军将迷惑德国人的重任交给了英国的情报部门，这是一项明智之举。直到1944年7月底，德国最高统帅部仍认为诺曼底登陆行动只是一次佯攻。也正因如此，他们那时仍将第15集团军的20个步兵师留在北方。原因有二：一是德国情报部门的效率低下，且部门负责人卡纳里斯上将因涉嫌参与7月20日密谋案被解职，进一步加剧了部门的低效。二是英美联军占据着压倒性的优势，能够同时发起两次大规模行动。1944年5月底，德国情报部门认为有79个师驻扎在英国——比实际数字多了27个。因此，站在柏林的角度，艾森豪威尔拥有足够的兵力，他既可以在诺曼底发动佯攻，又可以在加来海峡展开登陆行动。然而，德国人并不惧怕即将到来的攻势，而是满怀期待地等待着。

"在战争时期，真相是如此珍贵，以至于必须由无数的谎言来保护。"
——温斯顿·丘吉尔与斯大林的对话。1943年11月30日，德黑兰

胡安·普约尔·加西亚，巴西签证，1940年。

胡安·普约尔·加西亚（代号"嘉宝"）是第二次世界大战中最为著名的特工之一。虽然他在"坚忍行动"中扮演了十分重要的角色，但人们依旧捉摸不定他的心理。例如，我们并不清楚是什么促使这位加泰罗尼亚人决定效命英国。因为受到西班牙内战的影响而激起了反法西斯主义的情绪？也许吧。尽管他曾在两个敌对阵营效力，但最后没能获取任何一个阵营的认同。因为他是一位反法西斯主义者？很有可能。他热衷于冒险和保持神秘？这也说不定。但这些都不重要，他靠着自己沉着冷静的思维和信马由缰的想象力，圆满地完成了任务。然而出于对自身安全的考虑，他离开了西班牙，逃往委内瑞拉，直到1948年"离世"……1984年，他以另外一个身份重新开始了生活。

加拉加斯，1945年。

第三帝国
陷入僵局？

驻扎法国的德军兵力

1944年3月1日

军队
806 927

党卫队和警察
85 230

志愿军（外籍）
61 439

盟军
13 631

德国空军（空中部队）
337 140

海军
96 084

辅助武装力量
145 611

———————

总兵力
1 546 062

1944年，纳粹德国面临的局势十分复杂，但远非生机全无。当然，轴心国已经被赶出北非。1943年5月13日，北非战争结束，轴心国军队在邦角投降，275 000名官兵成为战俘，这场战役由此获得"突尼斯格勒"的美称。祸不单行，英美联军先后登陆了西西里岛和亚平宁半岛，墨索里尼于1943年7月25日倒台。然而，德国国防军在阿尔贝特·凯塞林的英明指挥下转战意大利北部，并以相对较少的兵力死守意大利前线，阻遏了盟军的攻势。直到1944年1月，双方仍旧在古斯塔夫防线上僵持不下，这条防线从加里利亚诺河口一直延伸到亚得里亚海沿岸的桑格罗河口。总之，对纳粹德国而言，西线的局势并没有那么紧张。

然而，东线的局势并不乐观。先后在斯大林格勒（1943年2月）和库尔斯克（1943年8月）战胜后，苏联红军于1944年2月26日成功为列宁格勒解围。同时，苏联红军计划在1943年12月至1944年5月期间解放乌克兰，他们向西部和南部同时推进，1月夺回了克里沃罗格，3月夺取了文尼察，5月攻克了塞瓦斯托波尔，基辅仍然被德军占领。但要命的是，德军仍然坚不可摧。虽然16个师被歼灭，还有60个师残缺不全，但至1944年春，仍有超过2 300 000的德国人在东线作战，并且还有300 000芬兰人和200 000匈牙利人和罗马尼亚人的支持。相比之下，苏联有6 400 000名士兵参加战斗。因此，第三帝国在没有获胜希望的情况下仍有信心负隅顽抗。

希特勒在精打细算之后确定了主要策略。他预计盟军将在西线登陆，因此决定反击，将敌人赶回大海。如果能解决登陆的威胁，最高统帅部就可以将可用部队转移到东线，以遏制势不可当的苏联红军。正如希特勒在1944年向他的将军们所说的那样："对我们而言，成功阻止登陆行动不仅仅意味着我们将取得西线的局部胜利——这是我们所有行动的关键环节——也能决定最终的战争走向。不算东线的话，我们目前还有

德军部署

1944年6月6日

为抵御所谓的"入侵"，
德意志第三帝国拥有强大的实力。

加来

瑟堡　勒阿弗尔

第15集团军
萨尔穆特

圣马洛

兰斯

巴黎

布雷斯特

雷恩　勒芒

B集团军群
埃尔温·隆美尔

洛里昂

第7集团军
多尔曼

奥尔良

圣纳泽尔　南特

普瓦捷

维希　里昂　日内瓦

第1集团军
切瓦勒里

G集团军群
约翰内斯·布拉斯科维茨

第19集团军
维泽

波尔多

阿维尼翁

巴约讷

图卢兹

马赛

N
S

步兵

装甲部队

预备队

集团军群
范围

由集团军群
掌握的
装甲预备队

守备师

伞兵部队

训练中的部队

集团军范围

纳粹德国兼并的
区域

由德国国防军
最高统帅部掌握的
装甲预备队

西线总司令部的所在地，
是德国国防军西线部队的指挥中心，
格尔德·冯·伦德施泰特坐镇

德军在西线的
指挥结构

1944年5月

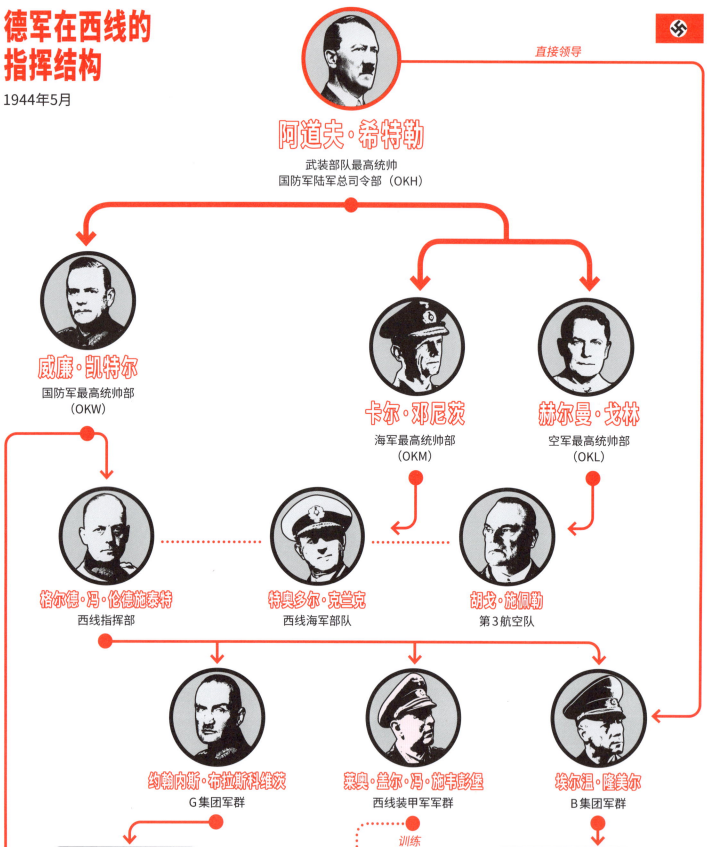

直接领导

阿道夫·希特勒

武装部队最高统帅
国防军陆军总司令部（OKH）

威廉·凯特尔

国防军最高统帅部
（OKW）

卡尔·邓尼茨

海军最高统帅部
（OKM）

赫尔曼·戈林

空军最高统帅部
（OKL）

格尔德·冯·伦德施泰特

西线指挥部

特奥多尔·克兰克

西线海军部队

胡戈·施佩勒

第3航空队

约翰内斯·布拉斯科维茨

G集团军群

莱奥·盖尔·冯·施韦彭堡

西线装甲军军群

埃尔温·隆美尔

B集团军群

G集团军群预备队
第58装甲军
第9、第11装甲师

训练

G集团军群预备队
第58装甲军
第9、第11装甲师

B集团军群预备队
第2、第116、第21装甲师

68

45个师驻扎在欧洲，我们应对苏联是吃力的，所以一旦西线的战役见分晓，我们必须立即将兵力转移到东线，彻底扭转战局。"因此，阿道夫·希特勒决定加固西欧防线。1943年11月—1944年6月，由西线德军总司令格尔德·冯·伦德施泰特率领的部队从46个师扩充至60个师，总人数高达950 000，并配备有1 608辆坦克和自行火炮。这意味着平均每个装甲师大约分配了120辆坦克，配置相当不错。部队还配有一些先进装备，无论是虎式坦克、豹式坦克，还是威力强大的88毫米反坦克炮，都是超越英美的精良武器。

尽管表面上看起来强大，但德国国防军实际上是一个泥足巨人。军队结构十分复杂，士兵的年龄要么比美国士兵大很多，要么小很多。有一项调研结果显示，在12 000名于登陆后前三周内被俘虏的国防军士兵中，23%的战俘年龄在21岁以下（美军的这一比例为13%），而30岁以上的士兵占大多数，高达50%（美军为24%）。这支军队还掺杂了部分的外国人：第7集团军中有15%的外籍士兵（其中有约6%的归化人员）。这些外籍士兵的忠诚度值得怀疑，加上他们的德语也不流畅，这些都让指挥工作难以开展。更为糟糕的是，国防军的监管也十分薄弱，据1944年5月的统计，249个师共有近10 000名军官失踪。除了装甲部队和党卫军，剩余部队的装备其实很差。同时因为缺乏车辆——而马匹只能在很小程度上弥补这一缺陷——他们的机动性也不高。在海上，德国海军只有5艘驱逐舰、5艘鱼雷快艇、36艘快艇以及500艘小吨位的舰船（如猎潜艇）。更令德军沮丧的是（对柏林而言），德国空军已然不复当年

之勇，至1944年5月25日，德军第3航空队只有915架飞机，且只有510架能够飞行。简而言之，纳粹德国只有两张底牌：他们的海岸防御工事和在附近服役的十几个装甲师。尽管形势严峻，但纳粹德国的领导人依旧信心满满。许多人都相信纳粹德国正在秘密研发的"终极武器"能够带来奇迹：当V1、V2飞弹落在英国之时，伦敦一定会投降。

最为重要的是，纳粹德国的军事领导人认为在西线战场上取得胜利不只是"可能的"，甚至是"必然的"。隆美尔在1944年1月19日给妻子的信中写道："我相信我们能击退进犯西线的敌人。"戈培尔也在1944年4月大肆宣扬："元首确信敌人的进攻不会成功，甚至我们可以把他们击退，让他们蒙受巨大的损失。"彼时在最高统帅部服役的瓦尔利蒙特将军总结道："最高统帅部以及西线德军总部仍然相信……能够击退登陆的敌人。事后来看，对这种乐观态度的唯一解释便是，所有人都对德国士兵的优势有着不可动摇的信心。"多么美妙的错觉。

元首自认为精通战略，随着时间的推移，他越来越频繁地干预军事行动（这张照片摄于1942年5月9日，德军进攻斯大林格勒前夕）。战后，纳粹德国的将军们声称是独裁者的干预导致了失败。这种解释未免太过简单，红军不仅有远超国防军的军事力量，还有更善于学习的指挥官，因此在战略层面，苏联比纳粹德国更有优势。

如果说希特勒要为诺曼底登陆战的失败负主要责任——他在登陆前太过谨慎，并没有妥善地解决装甲部队的短缺与分配问题——他的将军们（从右到左依次为：古德里安、冯·博克、凯特尔，摄于1944年）也应承担部分责任。然而纳粹德国的失败是早已注定的：从1941年起，德意志第三帝国就已经没有足够的经济实力与联合起来的对手抗衡了。

德意志第三帝国
元首

阿道夫·
希特勒

1889

1945

罗伯特·布拉西亚克曾说："历史是由胜利者书写的。"第二次世界大战是一场对其观点的批判。纳粹德国的将领们长期以来一直将他们所认可的、既定的战争观强加于他人——尽管他们的观念是错误的。他们认为，"波希米亚二等兵"希特勒反复干预军事行动，大幅降低了成功的可能性。伦德施泰特断言，如果没有最高统帅部的干预，这次的诺曼底登陆行动只不过是一场"更大规模的迪耶普行动"罢了——这一点倒是稍显偏颇。

从战略角度来看，元首的想法是合理的：将英美联军赶回海里，会让局势重新洗牌。艾森豪威尔也承认："如果这样的灾难真的发生了，后果将不堪设想，所有集结在英国的美军将不得不转移到其他战区。失败所带来的精神压力不仅会影响盟军的决策，也会重挫士兵的锐气。最后，登陆行动的失败也会对苏联的局势产生不可估量的影响，苏联很有可能考虑单独与纳粹德国签署和平条约。"此外，正是独裁者本人意识到盟军可能会进攻诺曼底，而他的大部分将军更倾向于相信盟军会在加来海峡登陆。最终证明，希特勒的一些决策并非荒谬：他下令让士兵死守港口，直到打完最后一发子弹——这极大地干扰了盟军的后勤部门；尽管他厌恶撤退，但他还是在1944年8月16日下达了撤退命令。

不过，希特勒也做了一些不太明智的决定。他命令V1、V2飞弹瞄准伦敦，而不是在诺曼底登陆的部队。恩斯特·荣格尔对此失望透顶，这位作家在《战争日记》中写道："飞弹作为真正的武器，而不是单纯的宣传工具，毫无疑问，我们会用它们来打击敌人的桥头堡。至少有一件事是真实的，那是一种愿望——将生者的世界变成废墟，在废墟中庆祝死亡的凯旋。"8月中旬之前，独裁者还固执地拒绝下达任何关于撤退的命令。他热切地等待着那些能够扭转战局的神奇武器，决心在这些武器真正投入战场之前尽可能多地争取时间。最后，他仍顽固地对胜利抱有希望，即便彼时胜利的天平已经倒向了盟军。尽管希特勒具备敏锐的直觉，但在1944年夏天，局势已经脱离了他的掌控。虽然大部分的指挥官并不总能认同他那些幻想，但他们仍旧追随着他，直到第三帝国垮塌。因此，这场始于1939年的灾难，其罪魁祸首确实是希特勒，但是他身边的那些精英人群，甚至平民，恐怕也难辞其咎。

"历史是由胜利者书写的。"
——罗伯特·布拉西亚克，《敌人兄弟》（*Frères ennemis*），1944年

"如果这样的灾难真的发生了，后果将不堪设想，所有集结在英国的美军将不得不转移到其他战区。"
——艾森豪威尔，《回忆录》，1948年

"那是一种愿望——将生者的世界变成废墟，在废墟中庆祝死亡的凯旋。"
——恩斯特·荣格尔，《战争日记》（*Second Journal parisien*），1944年6月7日

纳粹德国的防线

大西洋防线
的长度

4 400 km

（从希尔克内斯到昂代）

500 000

障碍物

分布在海岸线上，
以阻止敌军登陆。

德国人确信敌人即将入侵。戈培尔在1944年4月指出："元首当然知道入侵已经迫在眉睫。具体什么时候，他自然不会说，也许就在这个月吧。"另一方面，德国人无法确定敌人入侵的地点。几乎所有的将领都认为盟军会入侵加来海峡，但还是有人对此表示怀疑。隆美尔预测道："如果你认为他们会选择天气最好的那天和最短的路线，并且还提前通知你，那你就错了……盟军会在最恶劣的天气条件下选择最长的路线登陆。登陆地点会在这里，在诺曼底……"他特别关注瑟堡—勒阿弗尔一带。第84军军长马克斯将军和希特勒的观点一样，他们都认为诺曼底是一个关键战略点，需要进行重点防御。希特勒在5月初指出："必须特别重视诺曼底以及诺曼底的防御任务，尤其要采取必要的措施防范伞兵突袭。"

这种举棋不定的态度迫使他们不得不对不到5 000千米长的海岸线进行全线警戒。整条防线从挪威的希尔克内斯延伸到巴斯克的昂代，由西线总司令冯·伦德施泰特负责监督和指挥。为应对西线的威胁，希特勒在1943年11月3日发布了臭名昭著的第51号指令，要求加快建设政治宣传中提到的"大西洋壁垒"。虽然德国人大肆宣扬该计划，但也不过是权宜之计罢了——纳粹德国并没有足量的飞机和舰船，因此他们只能仰赖这条由不连续的炮台、碉堡以及地面部队组成的防线。"沙漠之狐"隆美尔反复强调，战斗会在沙滩上进行。隆美尔在1943年11月5日被任命为防御工事监察官，后又在1944年1月15日担任西线B集团军群总司令。他拼尽全力加固防御。截至1944年春，他在第15集团军的战区内（从迪沃河到埃斯科河）共建造了6 000座工事；在第84军的战区内（从迪沃河到库埃农河）共建造了1 400座工事。

1944年1月，隆美尔还下令修建水下障碍物，用于阻止敌军靠近海滩、摧毁敌军登陆设备以及歼灭敌方部队。他还在田野上放置了大量高3.5米的木桩——这些木桩被戏称为"隆美尔的芦笋"——以阻止滑翔机和伞兵着陆。最后，他开始在海岸线上布设地雷。截至5月中旬，他总共在加来海峡埋下了420万枚地雷——但这并没让元首满意。事实上，实际完成情况不及计划（2 000万枚）的四分之一。加来海峡共

大西洋壁垒

1944年5月

大西洋壁垒：它的坚固程度
能将盟军赶回海中吗？

希尔克内斯

芬兰

大西洋

瑞典

挪威

北海

丹麦

荷兰

比利时

纳粹德国

爱尔兰

联合王国
（英国）

法国

瑞士

昂代

意大利

黑海

西班牙

希腊

苏联

葡萄牙

土耳其

地中海

N

S

 大西洋壁垒　　　　纳粹德国控制的地区

盟军控制区域　　　　中立地区

海滩防御障碍物

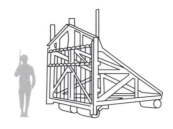

木制斜架
反登陆艇障碍物。长4～5米，直接插入沙地中。有些斜架会装配刀片，有时士兵也会在其附近埋设地雷。诺曼底沿岸有 11 000 个木制斜架。

四面体
反坦克障碍物。空心三棱柱，高1～2米。犹他海滩上有 150 个四面体，黄金海滩上有 45 个，朱诺海滩没有相关数据。

比利时门
反坦克障碍物。由钢架和钢板组成，高2米，宽3米，重量在1吨以上。每片海滩上的放置数量不一。犹他海滩上没有该障碍物，黄金海滩和宝剑海滩均有 45～65 个，奥马哈海滩最多，有 200 个。朱诺海滩没有相关数据。

捷克刺猬
反登陆艇/反坦克障碍物。由角钢或长 1.5～2 米的导轨组成，各个组件用螺栓连接或焊接成型，最后再用混凝土固定基座。每片海滩上都有超过 3 600 个捷克刺猬。

防御工事

碉堡

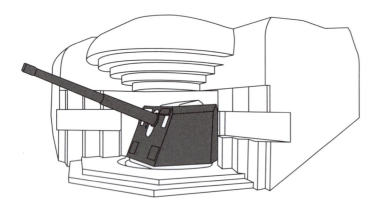

海岸线沿岸：
4 000 座主要防御工事
1 000 座配备反坦克炮的碉堡
10 000 座其他掩体

1944年6月
由于物资匮乏以及防御重点放在港口城市，原计划修建 15 000 座碉堡，只完成了一半。

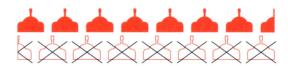

诺曼底
在长达 500 千米的海岸线上，1 643 座碉堡已完工，79 座即将完工，289 座还在修建中。

15 000
座碉堡（估计值）

法国有
8000
座碉堡

4 座
防御工事 **/km**

后方防御

隆美尔的芦笋
防空障碍物。用于阻止飞机或滑翔机降落——它可以折裂降落中的飞机的机翼。这些直立插入田野中的木桩高 3～4 米，有时会用铁丝网连在一起，其顶端可能装有地雷或手榴弹。

下加来地区共布设
4 200 000

颗地雷

隆美尔的芦笋
100万根

布设于诺曼底地区

有132个炮台，其中93个已经被修建成了掩体炮台，而诺曼底的47个炮台中，掩体炮台仅有27个。隆美尔的参谋长汉斯·施派德尔总结道："从兵力和工程的角度来看，大西洋壁垒只不过是一条没有纵深、没有强大后继力量的脆弱防线。"正如负责比利时、荷兰和法国北部的将领们所担心的那样，这些缺陷会影响在海滩上作战的士兵，使他们束手束脚、没有足够的应敌能力。隆美尔对此深表赞同。盟军在北非和意大利的表现让他明白，一旦他们掌握了制空权，他的坦克就会被彻底压制。因此他向约德尔解释道，有必要"以某种方式部署我们的部队……当他们需要向某个区域发起反击时——任何可能发起进攻的区域——这种方式能够在最大限度上减少他们的机动距离"。其他将领则主张将装甲师部署在远离海岸线的地方，这样既可以预防空袭，坦克也可以更灵活地机动。因为在海滩后方，坦克可以轻易地掉转方向，压制登陆区域。西线装甲集群的指挥官冯·施韦彭堡将军支持这一战略。在坦克专家古德里安和冯·伦德施泰特的建议下，希特勒同意按该战略对装甲师进行部署。1944年4月26日，他将6个装甲师分配给隆美尔，并将1个装甲师、1个装甲掷弹兵师和党卫军第1装甲军交由施韦彭堡调遣。这一漏洞百出的妥协并没有解决任何问题，隆美尔依旧缺少在海滩上迎击敌人的足够力量，而施韦彭堡也没有得到他所需要的预备队。

复杂而烦琐的组织结构为本就不固定的战术增加了更多的不确定性。西线海军总司令的海军上将克兰克听令于海军总司令邓尼茨，第3航空队的司令斯佩勒将军则由戈林元帅直接号令。地面部队的情况也好不到哪里去。格尔德·冯·伦德施泰特同时指挥由埃尔温·隆美尔领导的B集团军群和由约翰内斯·布拉斯科维茨领导的G集团军群。隆美尔拥有元帅军衔，他可以直接向希特勒汇报。汉斯·施派德尔总结道："各个军兵种分而治之，西线失去了统一性，进而陷入了无政府状态。"

总而言之，复杂的指挥系统不利于军队做出迅速且一致的决策，尤其是那时的德国领导人意识到"霸王行动"已迫在眉睫。他们认为敌军不会在6月登陆，因为那时的天气将非常糟糕。隆美尔解释道："不必担心他们会在此期间登陆。因为接下来几天里的潮汐情况很糟糕。此外，大量的侦察机并未捕捉到任何与登陆相关的蛛丝马迹。"

因此，6月6日之前，纳粹德国一直处于迷茫状态。虽然他们知道登陆行动定会在不久的将来发生，但他们没有预料到行动会发生在诺曼底，更没有想到登陆时间会在6月初。从这个角度来看，英美盟军的出其不意帮了很大的忙，并在一定程度上保障了这一高风险计划的成功。

德国人不知道登陆地点。加来海峡还是诺曼底？布列塔尼还是地中海？虽然我们无从知晓这位1944年驻扎在埃特勒塔的士兵在想什么，但我们明白，这种不确定的困惑感正折磨着德国士兵的神经。

隆美尔先是被任命为防御工事监察官，随后又被任命为西线 B 集团军群总司令。他竭尽全力加强诺曼底和加来海峡的防御——木桩、比利时门、捷克刺猬（照片所示）。尽管他没能按照预期布置足量的障碍物，但他仍然充满信心，认为德军可以将英美联军赶回大海。然而，英勇的盟军部队没能让他如愿。

埃尔温·
隆美尔

1891

1944

埃尔温·隆美尔与希特勒关系密切，是纳粹政权当之无愧的宠儿。1940年之前，他多次负责希特勒的安保工作。法国战役期间，隆美尔率领的第7装甲师表现出色，引起了希特勒的注意。1941年2月起，隆美尔被派往北非，并担任非洲军总司令，负责解救被围困的意大利军队。后来，他的战绩——尤其是1942年6月21日攻克了图卜鲁格要塞——被德国宣传部门大肆宣扬。不过，在接下来的几年里，这位元帅的声望却大不如前。

1942年10月，他在阿拉曼战役中被蒙哥马利击败。自那时起，"沙漠之狐"便走上了一条漫长的撤退之路。德军在北非战区即将溃败，隆美尔不想成为替罪的羔羊，因此他在1943年3月9日撤出北非。随后，在意大利北部，他负责解除当地部队的武装、收缴其装备和武器，但并未获得前线指挥权，真正指挥的人是凯塞林——他那乐观的态度成功打动了元首。

隆美尔连连失意，心情郁闷。1943年11月5日，他被任命为西线防御工事监察官，负责加固防线，应对盟军的登陆行动。1944年1月15日，他接任B集团军群总司令。他对这份工作信心满满，高声说道："我们满怀信心地等待着战斗。"

随着局势的恶化，他那盲目的自信也在逐渐消退。长时间以来，他一直以为1944年6月6日的诺曼底登陆行动只是佯攻，他坚信敌人真正的进攻目标是加来海峡。他希望希特勒能够认清现实：元首应该与西线谈判，暂缓战事，这样一来德军就能在东线取得胜利。1944年7月17日，他在一次空袭行动中受伤，因此发生在7月20日的希特勒刺杀行动和他并没有关系。

然而，为了自保，一些刺杀计划的参与者指控他也参与了谋划。愤怒的希特勒给了这位昔日宠儿两个选择：要么接受辱刑审判，要么自杀。隆美尔选择在1944年10月14日自杀。这一选择既能使他的家人不受牵连，又能保全"沙漠之狐"的身后名——尽管他从未参与过推翻暴君的计划。

"我们满怀信心地等待着战斗。"
——隆美尔，1944年1月15日

"必须尽快使用政治手段，否则西线的局势将恶化到难以挽回的地步。"
——隆美尔对希特勒说，6月17日

"隆美尔已经无法控制自己了，他变成了悲观主义者。如今，只有乐观的人才能有所成就。"
——希特勒提及隆美尔，1944年7月初

"元首是个伟大的人，他的政治直觉十分可靠。因此，他应该能找到最好的解决方案。"
——隆美尔对希特勒说，6月17日

1944年

5月26日　英方开始编组突击部队

5月30日　美方开始编组突击部队

6月3日　法兰西共和国临时政府 (GPRF) 成立

6月4日　艾森豪威尔汇报登陆行动, 丘吉尔与戴高乐进行了深入的会谈

6月5日　艾森豪威尔正式命令实施"霸王行动"

6月6日　盟军登陆诺曼底, 德军在卡昂监狱屠杀被关押的抵抗战士

6月7日　英军占领巴约

6月9日　蒂勒大屠杀

6月10日　格拉讷河畔奥拉杜尔大屠杀, 蒙穆谢抵抗运动

6月12日　美军会师英加联军

6月13日　第一批V1飞弹攻击伦敦

6月14日　戴高乐回到法国巴约并发表演讲

6月17日　希特勒与他的将军们在马尔吉瓦勒会面

6月19日—22日　一场风暴摧毁了滨海圣洛朗的人工港口

6月22日　红军发起"巴格拉季昂行动"

6月26日　埃普索姆行动

6月26日　美军攻占瑟堡

7月2日　伦德施泰特被解职, 克鲁格接任

7月9日　英军占领卡昂左翼

7月18日　古德伍德行动

7月20日　攻占卡昂, 刺杀希特勒

他们来了！

02

登船

1944年6月6日，共有39个师驻扎在英国——其中只有少部分部队才会在登陆行动开始前两天被派往诺曼底。早在5月初，盟国远征军最高统帅部就开始将物资装船，同时也开始对部队进行调度。调度分为三个步骤：集结，集中，登船。登陆部队会被带到集结区，士兵们在那里检查装备。每人会领到48小时的口粮、200法郎、10粒晕船药……以及一些"特别优待"：白面包、新鲜的肉食，偶尔还会有冰激凌。此外，军队高层不约而同地放松了管理，比如对赌博游戏睁一只眼闭一只眼。几天之后，根据被分配的船只，士兵们会被编入不同的突击队。5月26日起，英国士兵进行编队；5月30日起，美国士兵进行编队。编队结束后，所有人会被送往19个事先安排好的登船点。在那里，军官们会向士兵们传达任务，但不会透露进攻的时间和地点。海滩被分为"红色""绿色"和"白色"——当然，这些名字都是虚构的。一位名叫托马斯·菲尼根的工兵回忆道："我们不知道我们去的究竟是法国北部、荷兰、比利时还是挪威，但我们很清楚会去哪一个海滩，而且我们可以看到那里有什么样

的障碍物。"登船之后，士兵们纷纷沉默了。

尽管食物的品质不错，但船上的生活条件十分艰苦。船只超载，柴油的味道和呕吐物的恶臭（太多人晕船）混杂在一起。"我们觉得很冷，我不知道这寒冷究竟源自外界，还是我们的内心。我们已经在登陆舰上待了三天，恐惧会以不同的方式侵蚀我们，到最后我们已经麻木了，也不再花心思去克服恐惧了。"正在前往犹他海滩的拉尔夫·英格索尔报告道。

天气状况开始恶化，大家都在经历着一场无比煎熬的等待。"直到6月3日之前，美国人都坚定地认为亚速尔群岛的高气压会如同魔法般让情况好转。"新西兰气象官劳伦斯·霍格本回忆道。由于海浪汹涌，暴雨肆虐，艾森豪威尔于6月4日取消了行动。他必须紧急召回驶向犹他海滩的船队：甚至派出了2艘驱逐舰和1艘水上飞机来召回未响应的139艘船只。英国皇家海军军官雷金纳德·科克回忆："我记得那艘摩托艇……它超过了我们，那家伙挥舞着手臂喊，行动推迟了。"幸运的是，首席气象学家斯塔格上校发现，6月5日

登陆和部队分配

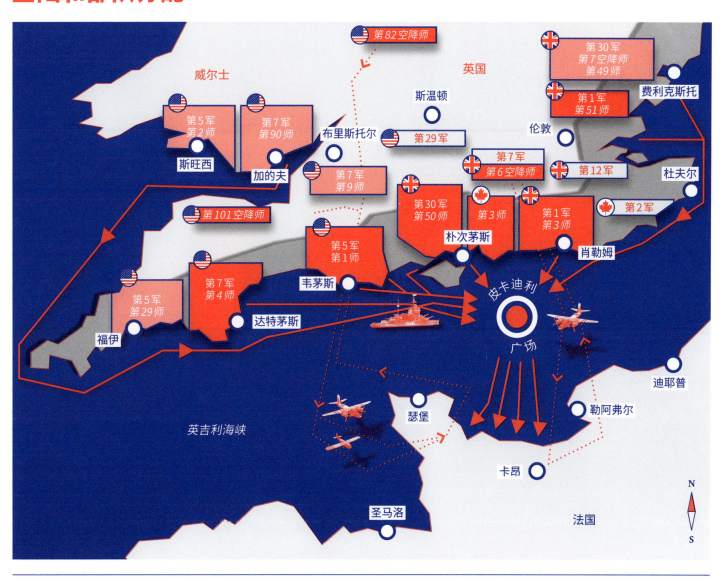

第一梯队

第二梯队

第三梯队或预备队

英国领土范围内的禁区

海军航线

空军飞行路线

美国部队

英国部队

加拿大部队

在从登船到启航那段漫长的等待时间里，士兵们焦虑不安，每个人都被即将到来的、未知的登陆恐惧折磨着。无论是士兵还是将领，都知道这会是一场残酷的血战。每个人都极力掩藏自己内心的恐惧：有的人在打牌，有的人在睡觉，还有的人在祈祷。高级军官则不再纠结于纪律性，而是更加灵活地选择了宽松管理。

"我们觉得很冷，我不知道这寒冷究竟源自外界，还是我们的内心。我们已经在登陆艇上待了三天，恐惧会以不同的方式侵蚀我们，到最后我们已经麻木了，也不再花心思去克服恐惧了。"

——正在前往犹他海滩的拉尔夫·英格索尔，《超级秘密》（*Ultra Secret*），1947年

出发

德怀特·D.艾森豪威尔

每天 4 包烟

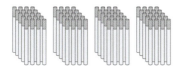

艾森豪威尔爱抽烟，因为这能够帮助他减轻焦虑和困扰。

会出现一个短暂的平静期。犹豫了很长时间之后，艾森豪威尔终于做出了决定。6月5日，他说出了那句"出发"（Let's go）。"在场的指挥官都没有提出质疑，大家的脸上都洋溢着显而易见的轻松，他们没有多言，迅速回到自己的岗位上，急迫地向参谋人员传达开始这一庞大计划的命令。"

这支海上的无当之军由两部分组成。海军少将维安指挥的东部特遣部队将登陆朱诺海滩、宝剑海滩和黄金海滩，海军少将柯克则会率领西部特遣部队前往犹他海滩和奥马哈海滩。所有的船会在怀特岛东南30千米处的Z点（皮卡迪利广场）集合。25支扫雷舰队会在前方开辟10条航道，每个海滩有1条慢速航道和1条快速航道。为迷惑敌人，盟军会在马尔托、马里尼和伊沃托投放假人干扰雷达，让敌人误以为这三处将有伞兵降落。同时他们也在加来海峡投放了金属铝片（干扰雷达），模拟大量舰队抵达海峡的痕迹。直到凌晨两三点，敌军才发现他们。确实，由于大气恶劣，德军放弃了空中及海上侦察，并且他们的雷达站点早先也遭到了盟军的轰炸。

凌晨1点30分至2点，美国伞兵在目标地降落。他们基本完成了自己的任务：确保犹他海滩后方的安全，防止敌人阻遏登陆部队的攻势。一旦交战范围被拖到海滩沼泽地，就会降低登陆部队的速度。此次的伞兵空降行动付出了巨大的代价，云层遮蔽，德军的高射炮不断干扰，加之飞行员过于谨慎，导致伞兵部队没有在准确位置降落，部队被打散。被迫分散的部队无异于俎上之肉，少量敌人就能让他们蒙受巨大的损失。例如，第101空降师折损了1 500人以

及60%的装备。另一方面，英国的空降部队摧毁了梅维尔炮台，并占领了奥恩河和卡昂运河上的桥梁。空降行动共出动了355架滑翔机，100名飞行员在执行任务的过程中受伤或死亡。第6空降师的损失高达40%。

从凌晨3点15分起，盟军开始对10个目标炮台（迈西、乌伊斯特勒昂等）进行轰炸，但战果平平。由于担心波及即将登陆的部队，轰炸机对离岸更远的陆地进行了轰炸。而由于经验不足或是恐惧心理，中型轰炸机的飞行员过早地投放了炸弹。因此，大西洋壁垒基本没有遭到破坏，现在只能依靠海军的炮火来打开局面。

凌晨5点45分，巡洋舰和战列舰开火，随后的6点19分，驱逐舰开火。但结果又一次令人失望。德军的火炮以纵列排布，盟军的火力难以覆盖，而烟雾和尘土也影响了射击的精准度。在英军登陆区域，如暴风骤雨般的炮击过后，德军只有10%～20%的防御工事被摧毁，10%～20%的火炮无法使用。因此，即便已经破坏了敌人的部分防御工事，他们还是很强大。对即将发动攻势的士兵们来说，等待他们的仍然是严峻的考验。

部队在船上有一套严格的时间流程。他们首先在集合区集结（编队），然后登上横渡英吉利海峡的舰船。在这张照片中，车辆／人员登陆舰正往停泊在韦茅斯（位于英国西南部）的"瑟斯顿号"美国军舰上运送美国士兵。

穿过英吉利海峡后，大型船只能停在距离海岸约10千米处，部队会转移到小型登陆艇上。这是一个高风险动作：士兵们必须沿着网绳向下爬行数米，在狂风巨浪中登上小船。

登陆

虽然英美盟军已经决定同时向5个海滩发动攻势，但登陆过程本身就是一场严峻的考验：天气条件极其恶劣，风速高达15节，动辄掀起1～2米高的海浪。士兵们提前一天就已登船航行，风暴让他们备受折磨。在这样恶劣的环境下，他们还得从运输船转移到登陆艇上——负责登陆奥马哈海滩的部队从凌晨4点15分开始转运。更糟糕的是，后勤部门还想出了一个"绝妙"的主意，他们给士兵们准备了丰盛的早餐，并配以朗姆酒，很多本就晕船的士兵开始恶心呕吐。摄影记者罗伯特·卡帕参与了此次行动，他说："第一批士兵踉跄地进入了登陆艇，像是走上了一部慢速电梯。我们被放到了水面上，汹涌的海水立刻将我们浸透，大家都开始呕吐。但是这次行动的准备工作是如此细致，以至于他们还准备了装呕吐物的小纸袋。"尽管遇到了一些困难，但整个登陆行动还是出乎意料地顺利，盟军的损失还不算太大——除了奥马哈海滩的部队，这点我们稍后再谈。

在犹他海滩，幸运之神眷顾了美军。破障部队及时到达，海滩上的障碍物相对较少，上涨的潮水并没有完全淹没它们，因此部队相对容易地扫清了眼前障碍。此外，早先空军部队也对德军的防御工事进行了轰炸，并将之摧毁。最终，32辆两栖坦克中的28辆进行了战斗，它们的火力为步兵提供了可喜的支援。尽管如此，还是有一些小插曲：登陆艇的损失相对较高，以至于负责U登陆编队的穆恩少将一度考虑夜间暂停转运；由新兵组成的第4步兵师怯阵；后勤受阻；为了躲避德军的炮火，船只并没有在岸边停靠，一些登陆驳船在远离海岸的地方卸货。前三天，后勤部门运送了6 614吨物资，仅占预期总量的26.6%。不过总体来说，结果还算让布莱德雷将军满意。6月6日晚，犹他海滩上的地雷和障碍物被扫清，21 300名士兵上岸，人员折损相对较少（300人，仅占总人数的1.4%）。

英军方面的情况则有所不同。战线绵延约40千米，其中包含三条总长度为8千米的不连续海滩。此外，英军负责区域的建筑物较多，这意味着会有一些棘手的巷战，同时该地区的防御更加集中：里瓦贝拉有6门155毫米火炮、隆格有4门155毫米火炮、滨海韦尔有4门100毫米火炮……

运送第一拨士兵的登陆艇经受了严峻的考验。海上巨浪滔天，士兵们饱受恐惧、晕船和恶劣天气的折磨，更不用说他们还得迎着德军的机枪和火炮一路向前。

虽然盟军担心会发生大量伤亡，但在1944年6月6日拂晓时分，一切都还算平静、顺利。只有一个例外：血腥奥马哈。照片中的美国士兵乘坐着车辆／人员登陆舰可能正在前往滨海圣洛朗。尽管他们的武器都有防水膜保护，但还是遭到了不小的打击。

登陆艇

刚一破晓，士兵们就转移到了登陆艇中。登陆艇会将他们运送至诺曼底的海滩上。这是一项高危作业！他们必须沿着网绳爬下来，而下方就是汹涌的海浪。士兵们如履薄冰，恐惧和寒冷折磨着他们。不过，对这些前往犹他海滩的美国士兵来说有一个好处，那就是犹他海滩上没有太多的战斗。而对于那些即将前往奥马哈海滩的士兵来说，才是真正的生死未卜。因为在那里，登陆行动变成了一场真正的屠杀。

一艘登陆艇的人员及装备结构

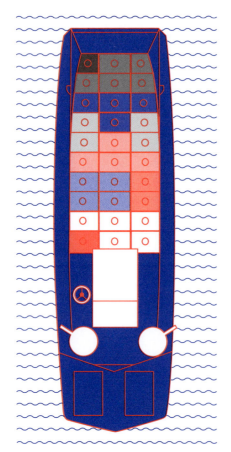

● **突击小队队长（军官）**
1支步枪，6枚彩色烟幕弹，1枚烟幕弹，1枚防御手榴弹，1台无线电设备

● **副手（士官）**
1支加兰德步枪，2枚烟幕弹，8枚防御手榴弹

●●●●● **步枪组（5人）**
1和2：1支加兰德步枪，1枚烟幕弹，2枚防御手榴弹，切割器
3：1支加兰德步枪，1枚烟幕弹，1枚防御手榴弹，1个榴弹发射管，10枚步枪烟幕弹
4和5：1支加兰德步枪，1枚烟幕弹，2枚防御手榴弹，1根爆破筒

●●●● **破障组（4人）**
1支加兰德步枪，1枚烟幕弹，2根爆破筒，2个切割器，2个大型切割器

○○○○ **机枪组（4人）**
1和2：1支勃朗宁自动步枪，1条弹药带，13个勃朗宁弹夹，1个勃朗宁机枪备件包
3和4：1支加兰德步枪，1条弹药带，13个勃朗宁弹夹，1个弹药袋

●●●● **迫击炮小组（4人）**
1-观察员：1个瞄准器，1个双筒望远镜，1个指南针，1个手电筒，12枚迫击炮弹，1支步枪
2-炮手：1门迫击炮，1把手枪，5枚迫击炮弹
3和4-补给员：12枚迫击炮弹，1支步枪

●●●● **火箭筒小组（4人）**
1和3-射手：1挺M1A1火箭筒，1支步枪，8枚火箭弹
2和4-装填手：1支加兰德步枪，12枚火箭弹

●● **火焰喷射器小组（2人）**
1-操作员：1具火焰喷射器，1把手枪
2-补给员：1个易燃液体罐，1个氮气瓶和氮气瓶钥匙，1支加兰德步枪，4枚烟幕弹，6枚防御手榴弹

○○○○○ **爆破小组（5人）**
1支加兰德步枪，4个雷管，6块TNT，7枚手雷，3枚管状炸药，2个点火器，1把军刀，1把压接钳，若干胶带、导火索，1枚烟幕弹，2枚防御手榴弹

⊗ 驾驶舱
○ 机枪手舱位

英军第50步兵师没有遭遇激烈抵抗，成功登陆黄金海滩。到上午11点，他们已经开辟了7条用以行军和输送物资的通道。下午，他们夺取了俯瞰阿罗芒什的几座山丘，25 000名士兵随后踏上了海岸，中途并没有遇到太大阻碍（伤亡413人，仅占总人数的1.7%）。

在朱诺海滩，因为海浪汹涌，登陆行动于早上7点55分开始，比计划推迟了10分钟。上涨的潮水遮住了一部分水下障碍物，导致先遣的24艘登陆艇中有20艘受损，同时用于6月6日行动的306艘船中，也有90艘遭到破坏。此外，盟军针对此处的轰炸行动也失败了，德军有86%的防御工事仍在运转。由于加拿大第3步兵师晚到了半个小时，德军得以稍作喘息，并利用这一空当重新组织部队进行抵抗。但毕竟数量悬殊，400名德国官兵面对的是2 400名加拿大官兵和14辆两栖坦克，指挥官明智地选择在尽可能靠近海岸的地方登陆，或是直接命令登陆艇冲滩。黄昏时分，24 000人成功登陆朱诺海滩，伤亡人数为805（占总人数的3.35%）。

首批登陆宝剑海滩的船只于早上7点30分抵达。伦尼将军率领第3步兵师，不顾地雷和障碍物，顶着88毫米口径火炮的压力，迅速占领了宝剑海滩——这主要是因为先前已经有21辆坦克抵达海滩。登陆部队的损失仍然在可接受范围内，共有28 800名官兵登陆宝剑海滩，其中630人伤亡，占总人数的2.2%。

因此，盟军此次针对德军的行动告捷，堪称坚不可摧的大西洋壁垒最终只坚持了4个小时。"最长的一天"接近夜晚时，大约有156 000名盟军士兵驻扎在了诺曼底。

尽管各国参谋部预估此次行动将损失25 000人，但实际损失（死亡、受伤和失踪）人数仅有10 000人。不过，这只是一个宏观数字，不应该以此来衡量个体在过程中所付出的巨大代价。第一拨登陆人员的折损情况尤其严重，高达40%。士兵们经受了地狱般的折磨。由于装备的重量超过30千克，许多士兵在跳入水中之后就溺亡了。对幸存的人而言，登陆行动所带来的创伤也无法估量，炮火、烟雾、震耳欲聋的轰鸣声以及受伤的战友呕出内脏的场景——这番地狱中的光景让他们久久不能平复。另一方面，美军的损失最为严重。伞兵部队的损失数占总损失人数的25%，且美国地面部队遭受的损失也比英国及加拿大更多。当然，这与地形有关——奥马哈海滩和犹他海滩的陡峭悬崖与英军登陆区域一马平川的平整沙滩形成了鲜明的对比——但也有战术选择的原因。美军选择在距离海岸约15千米的地方转运部队，因此步兵和两栖坦克需要移动的距离更远。这对坦克部队来说是致命的，并且步兵也无法在水中进行火力支援。这一错误的决策让美军在"血腥奥马哈"海滩上付出了惨痛的代价。

尼普顿行动

"霸王行动"是以夺取鲁尔工业区为主展开的一系列行动，盟军要从诺曼底一路杀至德意志第三帝国的工业中心，庞大且复杂。而"尼普顿行动"更加迅捷直接，它仅服务于第一阶段（1944年6月6日—30日）任务：盟军须穿越英吉利海峡，在诺曼底海滩站稳脚跟，所有登陆部队会师后在此地建立一个据点。然后，盟军应在据点内搭建基础设施，通过阿罗芒什和滨海圣洛朗这两个人工港口运输部队和装备。由于此次行动的成败取决于海军力量，所以盟军将代号取为"尼普顿"（罗马神话中的海神）。事实证明，这个有祝福深意的名字的确带来了好运。

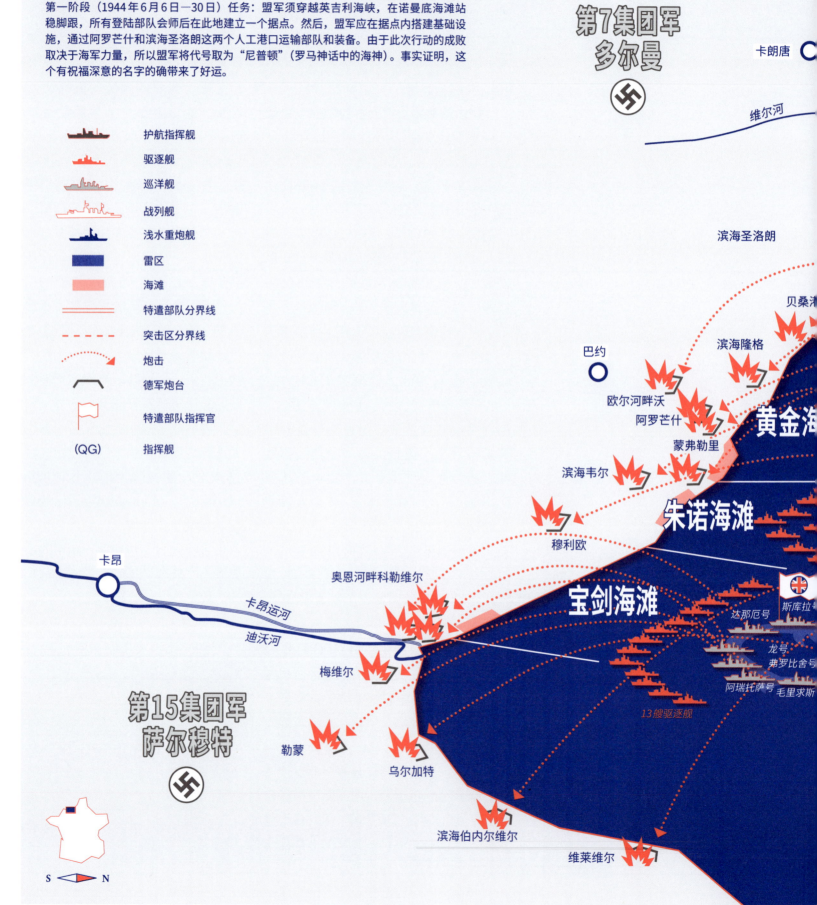

护航指挥舰
驱逐舰
巡洋舰
战列舰
浅水重炮舰
雷区
海滩
特遣部队分界线
突击区分界线
炮击
德军炮台
特遣部队指挥官
(QG)　指挥舰

第7集团军
多尔曼

卡朗唐

维尔河

滨海圣洛朗

贝桑港

巴约　　滨海隆格

欧尔河畔沃

阿罗芒什　　　　黄金海

蒙弗勒里

滨海韦尔

朱诺海滩

穆利欧

卡昂

奥恩河畔科勒维尔　　　宝剑海滩　　达那厄号　斯库拉号

卡昂运河

迪沃河　　　　　　　　　　　　龙号
　　　　　　　　　　　　　　弗罗比舍号
梅维尔　　　　　　　　阿瑞托萨号　毛里求斯

第15集团军
萨尔穆特　　　勒蒙　　　　　　　13艘驱逐舰

乌尔加特

滨海伯内尔维尔

维莱维尔

S　　N

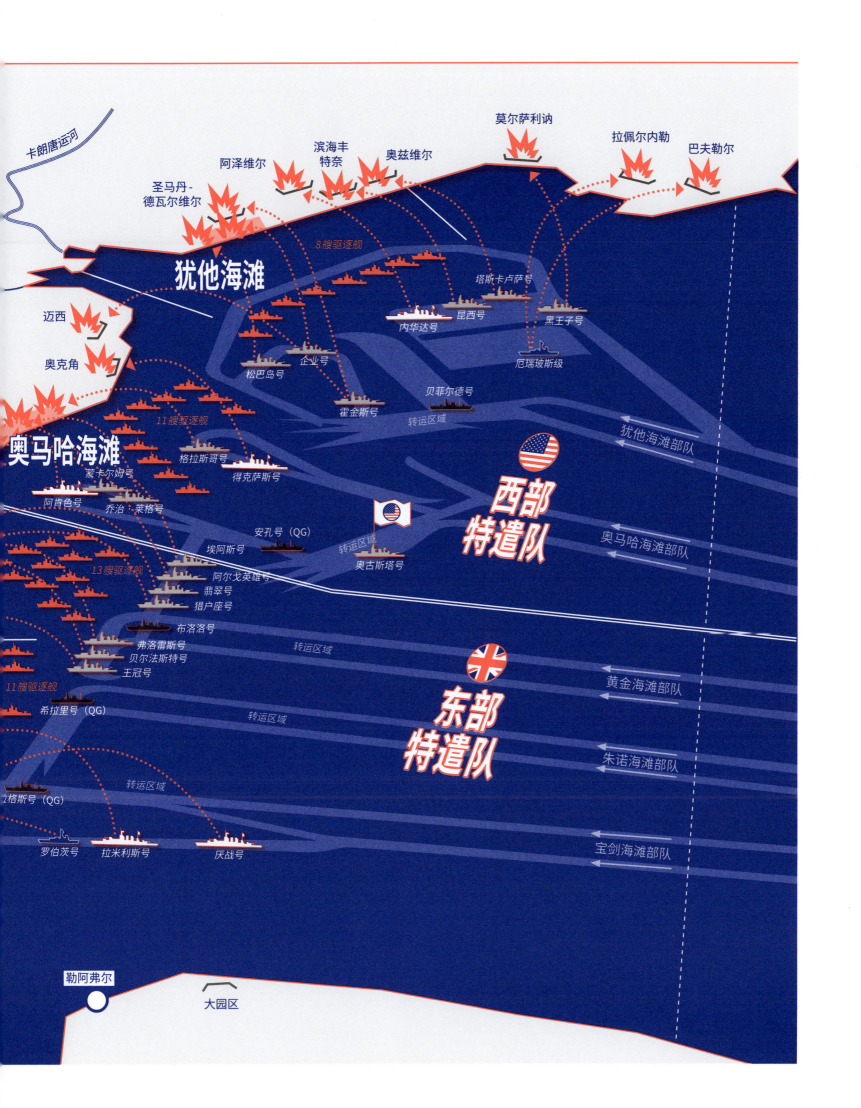

混乱席卷着奥马哈海滩。被海浪冲散的舰队暴露在敌人的火力之下；许多用于支援地面部队的两栖坦克沉没了；美军没有发现德军第352步兵师。照片中的登陆部队是第1步兵师第18团和第29步兵师第115团，前者是一支精锐之师，后者是稚嫩的新手部队。然而，这两支部队并不是第一拨，他们直到上午10点30分才踏上了"血腥奥马哈"，而那时第一批登陆部队已经伤亡惨重。

虽然登陆初期的氛围极为紧张，但随着时间的推移，紧张感逐渐消失——即便一些地区还在持续交战，例如敌军在乌尔加特的炮火一直持续到8月19日。可以理解的是，就像这张6月17日的照片所呈现的，即使已经习惯了恐惧，但这些战士依旧时刻保持警惕。

随着向英国返航的船只运输压力越来越小，军需部门借此机会将伤员运回了英国。但很快他们就改变了主意，在当地治疗伤员似乎是更好的选择。这样一来，既不会增加英国本土医院的压力，又可以迅速将痊愈的士兵送回前线。这一方案也适用于患有精神类疾病的伤员：在战地，他们能更好地适应炮火声，以便尽快重返战场；而将他们送回英国，则会降低一些轻伤员的康复概率。

血腥奥马哈

与那些根深蒂固的传奇相反，诺曼底登陆并不是一场残酷的浴血之战，但只有一个例外：登陆奥马哈海滩。

军方领导人很早就意识到，登陆奥马哈海滩的行动必然危险重重。他们在1944年1月就派遣了小型潜水艇X20来侦察此地。斯科特-鲍登少校在返回后，提交了一份让人揪心的报告：绵延7千米的海滩被高耸的悬崖环绕。在高高的悬崖峭壁之间，海滩缓缓倾斜，形成一道鹅卵石堤坝，坦克难以翻越。堤坝后方是布满地雷的沼泽地和灌木丛，灌木丛延伸至海拔30～60米的悬崖处。该地易守难攻，敌方可以通过合理地部署炮台对盟军造成毁灭性的打击。

执行此次登陆任务的是第1步兵师和第29步兵师，他们隶属杰罗将军率领的美军第5军。尽管"大红一师"经验丰富，但第29步兵师是一支由新兵组成的部队，他们将面对两支战斗力不尽相同的德军师。第719步兵师中的精兵强将被派往了东线作战，因此驻守海滩的只有7 800名素质平平的官兵。相比之下，第352步兵师部署的12 500名官兵训练有素、装备精良。尽管当地抵抗部队已经汇报了这支步兵师的存在，

但盟军参谋部仍旧选择对此视而不见。他们判断该部队驻扎在远离前线的圣洛附近，事实上，部署在奥马哈海滩附近的只有3个营。然而，假设盟军需要以3倍于敌军的兵力来对付他们，那么区区3个营依旧可以对盟军造成重大伤亡。盟军的第一波攻势只投入了1 450人，而据估计，德军出动了800～2 000人，开局不利。

为摧毁敌军的防线，盟军寄希望于美军的海空轰炸。但是由于天气不佳，且飞行员缺乏经验，美国出动的329架重型轰炸机对敌军几乎没有造成任何破坏，117架飞机甚至因为没有找到目标而带着满满的弹药返回。随后，美国海军接手轰炸任务，仍未取得较好的效果。能见度低和海浪汹涌大大降低了海上炮击的精准度，许多炮弹都落在了敌人的后方。因此德军的防御工事几乎完好无损地挨过了轰炸。为了弥补这一劣势，战略家们计划在奥马哈海滩上部署两栖谢尔曼坦克——32辆坦克开上海滩，但其中的27辆在就位之前就已经沉入了海底。与之相对，在奥马哈海滩西部，坦克在离海岸15米的地方下水，为登陆的士兵提供了一定的火力支援。

登陆的最初几个小时，奥马哈海滩上演着血腥的惨剧。但盟军还是在6月6日下午早些时候攻克了这个海滩。也就是说，接下来将要登上这个海滩的盟军士兵们将不会像先头部队那样，遭到血腥的屠戮。

奥马哈海滩的防御情况 卐

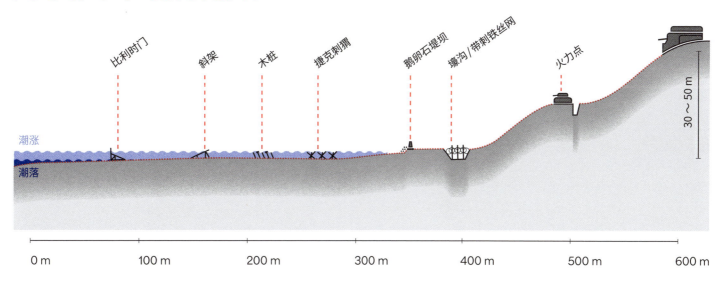

比利时门　斜架　木桩　捷克刺猬　鹅卵石堤坝　壕沟/带刺铁丝网　火力点

潮涨

潮落

30～50 m

0 m　100 m　200 m　300 m　400 m　500 m　600 m

奥马哈海滩：规划与混乱

1944年6月6日

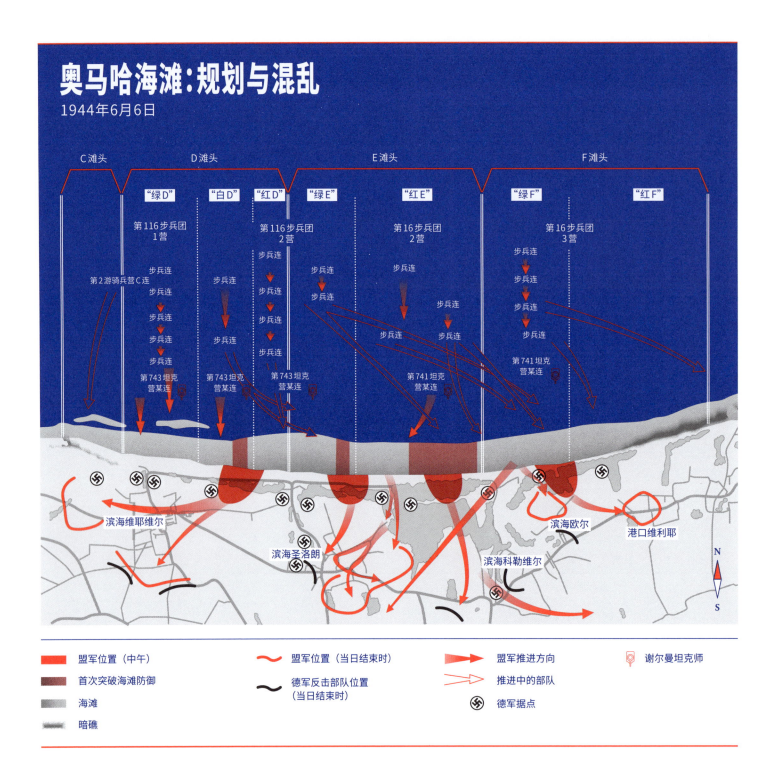

C 滩头　　D 滩头　　E 滩头　　F 滩头

"绿D"　"白D"　"红D"　"绿E"　　"红E"　　"绿F"　　"红F"

第116步兵团 1营　　第116步兵团 2营　　第16步兵团 2营　　第16步兵团 3营

第2游骑兵营C连

步兵连　步兵连　步兵连　步兵连　步兵连　步兵连

步兵连　步兵连　步兵连　步兵连　步兵连　步兵连

步兵连　步兵连　步兵连　步兵连　步兵连

步兵连　步兵连　步兵连

第743坦克营某连　第743坦克营某连　第743坦克营某连　第741坦克营某连　第741坦克营某连

滨海维耶维尔　　滨海圣洛朗　　滨海科勒维尔　　滨海欧尔　　港口维利耶

N
S

■ 盟军位置（中午）	⌁ 盟军位置（当日结束时）
■ 首次突破海滩防御	⌁ 德军反击部队位置（当日结束时）
■ 海滩	➤ 盟军推进方向
▬ 暗礁	⇒ 推进中的部队
	🚩 谢尔曼坦克师
	卐 德军据点

为摧毁奥克角上的6门155毫米大炮，詹姆斯·鲁德尔中校率领的游骑兵，须迎着敌人的枪林弹雨攀上悬崖。7点30分，队伍登上了悬崖，但伤亡惨重：200名游骑兵中有110名战士或死或伤。不过，大部分大炮已经被敌人撤走了，随后士兵们在离海滩稍远的地方发现了这些大炮，便立即摧毁。

在这种情况下，登陆行动演变成了一场灾难。理论上，作战部队应该先行登陆，以便清除海滩上敌军布设的障碍物。同样，海滩指挥官也必须升起旗帜，为登陆艇指示停靠位置。但是，计划登陆的16支部队中，12支迷失了方向，海浪把船只推向了更靠东的地方。由于缺乏引导，船只只能随意停靠——有时甚至因为舵手慌乱弃船而被迫抛锚。敌军的子弹如暴雨般倾泻，士兵们纷纷跳入水中，而不是通过放下的舱门登陆。另外，因为后勤部门的硬性规定（每人背负30多千克重的装备），许多人溺水而亡。

因此，海滩呈现出了一派末日景象。士兵们因为恐惧不敢前进，在敌人猛烈的炮火下，他们只能蜷缩在障碍物后面，进退不得。许多士兵在战斗中失去了武器；登陆艇在原地打转，无法靠岸。旗舰上的布莱德雷曾考虑将后续的登陆部队转移到其他四个海滩上，但这样做无异于直接向那些已经登陆的部队宣判死刑。

奥克角的情况同样糟糕。德军在此处配置了6门155毫米口径的大炮，鲁德尔中校率领的第2游骑兵营必须攀上25～30米高的悬崖才能摧毁这些炮。载有突击队的12艘登陆艇于凌晨4点出发。但由于海浪汹涌，一艘沉没，另一艘需要救援，其余的登陆艇仅以4节的速度缓慢地前进着。突击队在预计时间的40分钟之后才到达悬崖脚下——这样一来便也算不上"奇袭"。在驱逐舰的火力掩护下，这些训练有素、配备攀登抓钩的精英士兵顶着德军的手榴弹和炮弹攀上了悬崖，一个不太令人开心的"惊喜"正等着他们：火炮掩体里并没有大炮。最终，两名游骑兵在稍远的地方发现了大炮并将之摧毁。虽然此次行动告捷，但付出的代价却是巨大的：至6月6日晚，200人中只有90人还有战斗能力。

海滩的情况有所改善，但因为缺乏通信设备，整个行动推进缓慢：80%的无线电设备被破坏或被遗弃，指挥官们无法传达命令。此外，一些军官已经身亡，士兵们缺乏指挥，军队陷入混乱。一切都依靠个人的主观能动性。有些人明白，他们必须穿越海滩才能活命；还有一些人则躲在隔离鹅卵石堤坝和沼泽区域的墙角之下。几位军官展现出了过人的勇气，比如第29师的师长诺曼·科塔将军，他设法剪断铁丝网并爬上了悬崖。第二拨登陆部队的部分士兵登陆后，在海军的掩护下向着高地进发。上午9点20分，布莱德雷命令海军开火。这些驱逐舰离岸边太近了，以至于它们的船艏几乎贴到了海床。随着敌军炮火的减弱，一些部队终于登上了悬崖，控制了海滩和滨海科勒维尔。

至中午12点30分，已经有超过18 000名士兵登陆奥马哈海滩。随后，士兵开始清理海滩，医疗人员则开始处置死者、治疗伤员。许多伤员因为寒冷以及这种极端经历所带来的心理创伤而久久不能恢复。傍晚时分，杰罗将军终于在距离前线300米的地方设立了指挥部。

奥马哈海滩的登陆行动虽然胜利了，但并不辉煌，巨大的损失为凯旋蒙上了阴影：3 000人死亡、受伤或失踪。在好莱坞的大肆渲染下，这片海滩上发生的惨剧向世人展示了诺曼底登陆战的残酷。尽管真实情况是，人员的折损数量要远远低于预期。但"血腥奥马哈"的称谓仍名副其实。

夺取奥克角的战斗异常惨烈。尽管最终盟军取得了胜利，惊慌失措的德军不得不丢盔卸甲，但这一区域也像这张摄于6月6日的照片所展示的那样，遭到了彻底的破坏。

奥克角

1944年6月6日的夺取奥克角之战可谓一件载入史册的传奇事件。为完成作战任务，鲁德尔中校不得不率领第2游骑兵营攀登近30米高的峭壁。确实，他们做到了，但也付出了沉重的代价。于1962年上映的《最长的一天》，就是对这些牺牲的士兵的永恒纪念。

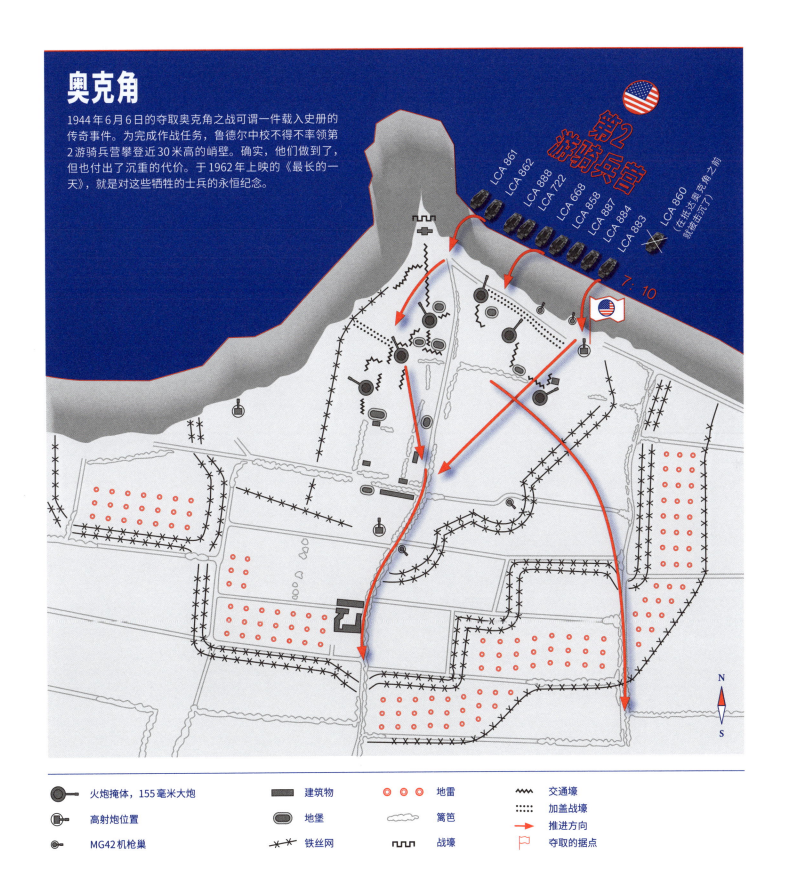

第2游骑兵营

LCA 861
LCA 862
LCA 888
LCA 722
LCA 668
LCA 858
LCA 887
LCA 884
LCA 883

LCA 860（在抵达奥克角之前就被击沉了）

7: 10

火炮掩体，155毫米大炮		建筑物		地雷		交通壕
高射炮位置		地堡		篱笆		加盖战壕
MG42机枪巢		铁丝网		战壕		推进方向
						夺取的据点

6月6日及往后的无数个日夜里，医护人员不知疲倦地工作着。青霉素的使用和输血技术挽救了无数生命。

德军的炮火无疑给盟军士兵带来了恐惧。尽管轰炸行动摧毁了圣马尔库夫群岛4门210毫米火炮中的2门，但仍有2门完好，可正常开火。在盟军海军的炮火中，德军终于承受不住，于6月12日撤离了该地。这对6月21日赶来的美军来说，无疑是个好消息。

与这位倒在奥马哈海滩上的美国大兵一样，数百名战士死在了海滩之上。

6月6日，医疗人员的需求量骤增。照片中是一位登陆奥马哈海滩的医护兵，隶属美国陆军第1步兵师。无论有没有需要，那些仅受轻伤却惊慌失措的士兵都不断向希波克拉底[1]的门徒祈求帮助。

1　古希腊伯里克利时代的医师，被西方尊为"医学之父"。

盟军在登陆日便夺取了海滩。后续部队得以长驱直入，不必担心成为敌人的目标。这张摄于1944年6月18日的照片展示了盟军有条不紊地在海滩上行军的场景。

扩大战果

1944年6月30日

16
英军师

对阵

德军师
9

从严格意义上来讲，成功登陆只是"霸王行动"成功的必要条件，而非充分条件。实际上，英美两国为己方确立了三个目标：占领海滩；整合五个海滩；夺取卡昂、巴约和瑟堡。它们希望通过这一系列行动，堵住德军可利用的一切缺口，为即将到来的增援部队打造一个足够大的集结区域。卡昂尤为重要，因为该城市占据着一个关键的交通枢纽，通向一片广袤的平原。这片平原不仅可以用于部署装甲部队，也可以充当空军部队的降落基地。

6月7日，英军成功攻占巴约。次日，美军与英加联军成功会师。6月12日，盟军成功连接了奥马哈海滩和犹他海滩。至此，远征军拥有了一条绵延80千米的连续战线。由于地理环境的不同，战线宽度则在10～30千米。总而言之，这是一个鼓舞人心的结果——尤其是在德军出其不意的情况下，盟军已然部署好了战斗队形。

德方坚信，登陆日当天恶劣的天气情况会阻止盟军登陆，因此大量德军指挥官并不在岗。当时，隆美尔正在德国为他的妻子庆祝生日；党卫军第1装甲军军长约瑟夫·迪特里希在布鲁塞尔；

第21装甲师的师长福伊希廷格尔则在情人的陪伴下，短暂地将令人不悦的战争抛之脑后。然而，西线总司令部早先已经截获了一封来自法国抵抗组织情报网络"作腹语者"的电报，其中就包括著名的诗句"悠长难耐的阴郁／刺痛了／我心脾"（《秋之歌》）。6月5日21点45分，德军发布入侵预警。凌晨2点30分，第12装甲师接到了紧急备战的命令。然而，德军最高统帅部拒绝了冯·伦德施泰特元帅提出的调遣装甲预备队的请求。德国人的犹豫我们可以理解，因为"没有人会这么做的"。瓦尔利蒙特将军事后回忆道："没有人会在地方指挥部尚未全面了解情况，甚至是在连盟军第一批登陆艇都还没有碰到陆地的时候，就调动这些部队（4个师）。"惊讶过后，各个司令部很快做出了反应，将军们也很快回到了指挥岗位——这和大众的普遍认为恰恰相反。但另一方面，他们确实力不从心。

党卫军第12装甲师在6月6日夜间才抵达前线，装甲教导师也于次日才姗姗来迟。这些部队直到6月9日才真正投入战斗，为时已晚，盟军已经在海滩上站稳了脚跟。最高统帅部陷入被动局

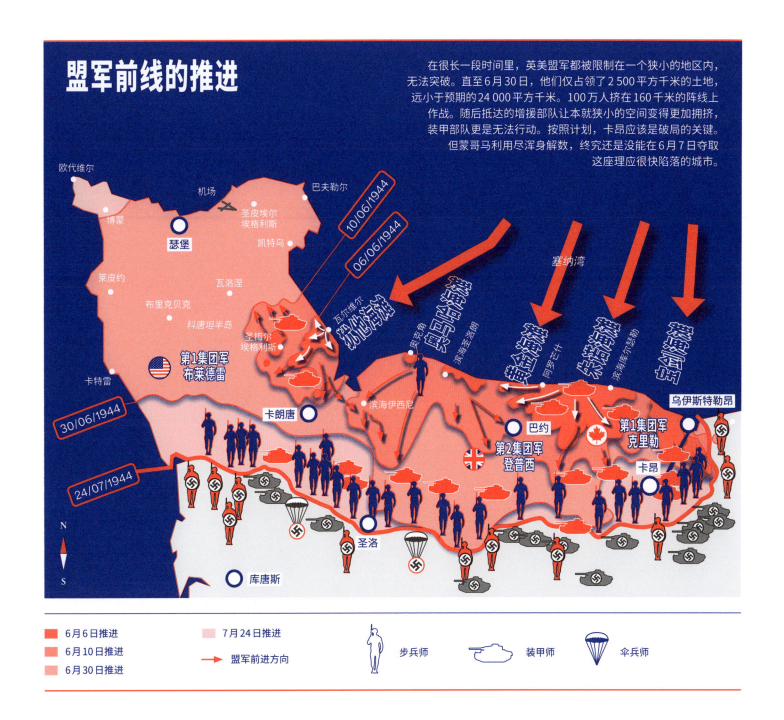

盟军前线的推进

在很长一段时间里，英美盟军都被限制在一个狭小的地区内，无法突破。直至6月30日，他们仅占领了2 500平方千米的土地，远小于预期的24 000平方千米。100万人挤在160千米的阵线上作战。随后抵达的增援部队让本就狭小的空间变得更加拥挤，装甲部队更是无法行动。按照计划，卡昂应该是破局的关键。但蒙哥马利用尽浑身解数，终究还是没能在6月7日夺取这座理应很快陷落的城市。

欧代维尔　机场　巴夫勒尔

博蒙　圣皮埃尔埃格利斯　凯特乌

瑟堡

莱皮约　瓦洛涅

布里克贝克

科唐坦半岛　圣梅尔埃格利斯　瓦尔维尔

10/06/1944
06/06/1944

卡特雷　第1集团军 布莱德雷　东克角　奥恩河畔

塞纳湾

犹他海滩　奥马哈海滩　黄金海滩　朱诺海滩　宝剑海滩

30/06/1944

卡朗唐　滨海伊西尼　阿罗芒什　滨海库尔瑟勒　巴约　乌伊斯特勒昂

24/07/1944

第2集团军 登普西　第1集团军 克里勒　卡昂

圣洛

N　S

库唐斯

■ 6月6日推进	▨ 7月24日推进		步兵师
■ 6月10日推进	→ 盟军前进方向		装甲师
■ 6月30日推进			伞兵师

面，不得不发动局部反击——不过他们的反击确有成效。党卫军的两个师成功阻断了英加联军进入卡尔皮凯机场和卡昂的道路。德军在极短的时间内，用3支装甲师的250辆坦克和150门88毫米火炮在卡昂的城门外筑起了一道铜墙铁壁，蒙哥马利的计划被打乱了。

但这也是德军取得的唯一战果。局部反击行动失败了；德国海军最终只击

沉了64艘舰艇，对106艘舰艇造成了破坏——鉴于德方资源有限。他们所完成的"壮举"并没有真正影响到"霸王行动"的成功。德国空军的作用几乎为零，尽管戈林派出了增援部队，但制空权仍被盟军牢牢掌控。由于缺乏燃料和有经验的飞行员，德国空军不堪一击。至7月初，德国空军第3航空队每天都会损失38架飞机。登陆日当天，第3航

夺取瑟堡

后勤人员要求占领瑟堡。该地有个深水港，能够帮助运输大量的人员和装备。但夺取瑟堡绝非易事，不仅有德国精兵坐镇，博卡日地区的丘陵地形也不利于行军。最终瑟堡在6月26日夺取，比原定计划晚了11天。此外，港口也遭到德军破坏，因此直到7月16日才重新投入使用。

科唐坦半岛的残存德军抵抗势力

机场

瑟堡

圣皮埃尔埃格利斯

巴夫勒尔

30/06/1944

19/06/1944

圣瓦斯特 - 拉乌格

基内维尔

03/06/1944

犹德海滩

莱皮约

瓦洛涅

布里克贝克

圣梅尔埃格利斯

第1集团军
布莱德雷

卡特雷

拉艾 - 迪皮

波尔巴伊

卡朗唐

滨海伊西尼

第7集团军
多尔曼

圣洛

N / S

■ 6月3日的前线	┈┈ 铁路线	步兵师
■ 6月19日的前线	── 公路	空军师
■ 6月30日的前线	→ 盟军前进方向	装甲师

空队仅执行了319架次飞行任务。与之相对，英国皇家空军和美国陆航则进行了14 000架次飞行任务。缺乏空中支援的地面部队不得不在夜间行动，因此行军缓慢。第3伞兵师花了近一周的时间才从布列塔尼的驻地转移到圣洛北部的战场，穿行约217千米。

伦德施泰特和隆美尔都意识到了事态的严重性。在他们的催促下，希特勒在6月17日前往苏瓦松附近的马尔吉瓦勒。"沙漠之狐"提议德军回撤至奥恩河后方；而偏执的元首拒绝任何关于撤退的建议，他声称自己的秘密武器——首批V1飞弹和V2飞弹——将在6月13日落在伦敦的土地上，彻底扭转战局。恩斯特·荣格认为该想法荒谬至极，因为这批飞向伦敦的武器根本无法威胁到盟军的远征部队。

尽管如此，德军仍旧牢牢地控制着卡昂，英军始终无法攻克。卡昂在登陆的最初几天尚且防御薄弱，但海滩和道路出现拥堵，蒙哥马利的部队开始疲软，无法迅速地冲向这座城市。坦克和步兵间的协同作战也不尽如人意，但蒙哥马利并不气馁。6月26日，他大胆地发动了"埃普索姆行动"，但是刚从加利西亚调来的两支党卫军部队挡住了他前进的步伐。行动虽然失败了，但是还是消灭了卡昂地区的大部分敌军，有利于美军在科唐坦半岛展开后续行动。6月底，英国的16个师仅对阵纳粹德国的2个步兵师和7个装甲师，美国的13个师只需面对纳粹德国的7个师。

因此，布莱德雷将军得以沿着科唐坦半岛北上，夺取瑟堡。6月19日，他率领的第4步兵师成功突破了敌军防线，但此次进攻毫不轻松，因为战斗爆发在诺曼底的乡村地带。农田被树篱分割成一个个小块，这种地形易于防守——德军在这些树篱后架设了机枪和88毫米火炮。最终瑟堡在6月26日被盟军占领，比计划晚了11天。盟军终于获得了一个对后勤来说至关重要的深水港。但这一成果并不能保障最后的胜利——德军依然坚挺、依然负隅顽抗。

瑟堡在攻坚战中受到了严重的破坏。为了炸毁德军的炮台，美国通过空袭和海上炮击向这座城市倾泻了大量的弹药。瑟堡修道院也惨遭摧毁。

为夺取卡昂这个重点战略目标，盟军在6月6日、7月7日和7月18日对其进行了轰炸，但效果并不理想，卡昂直到7月20日才被攻克。德军的主要防御力量都集中在郊区，弹坑和废墟阻碍了盟军装甲部队的推进速度。盟军的炮火几乎将整个卡尔瓦多斯夷为平地，德国空军的几次轰炸更是让本就满目疮痍的城市彻底沦为废墟。

登陆行动虽然解放了诺曼底，但也为诺曼底开启了一个混乱时期。平民成为轰炸和地面交火的受害者，这片土地仿佛人间炼狱。有人为求生逃往乡村，有人则打定主意留守家园。照片中的美国士兵正在一家牛奶厂中稍作休整，不久之后他们又将重新奔赴战场。

于盟军而言，在树篱间战斗十分痛苦。在树篱的保护下，敌军的狙击手和机关枪给他们造成了严重的损失，特殊的地形也影响了坦克的机动性。因此该地区的盟军更多地依赖步兵的力量，这是一种过时的战斗形式。

第8集团军在北非战役中屡屡受挫，这让蒙哥马利意识到，他必须加强训练，为士兵鼓足勇气，因为士气是制胜的关键。因此在北欧战区，他决定复刻先前的治军之道。（蒙哥马利在英国检阅部队，那顶标志性的贝雷帽十分扎眼。他因为干脆爽快的性格赢得了士兵们的爱戴。摄于1944年5月）

1944年6月12日，丘吉尔视察了第21集团军群指挥部所在的克勒利城堡。丘吉尔这位"老斗牛犬"根本无法抑制亲临前线的渴望，尽管当时指挥部还有更加棘手的问题亟待解决。随行人员有（从左至右）：第2集团军指挥官迈尔斯·登普西、大英帝国总参谋长艾伦·布鲁克、系着领结的丘吉尔、戴着标志性贝雷帽的蒙哥马利、南非元帅扬·史末资。至少在这张照片中，丘吉尔的装束并不适合作战。照片背景中的传奇卡车自北非战役起就一直陪伴着蒙哥马利，现被存放在伦敦的帝国战争博物馆。

元帅
第21集团军群指挥官

伯纳德·劳·
蒙哥马利

1887

1976

蒙哥马利在诺曼底登陆战和第二次法国战役中究竟扮演了一个什么样的角色？这一点引发了激烈的讨论，毕竟他有着辉煌的过去。尽管他在圣保罗学院和桑赫斯特皇家军事学院的表现平平，但他在1914—1918年的历次战斗中展现了英勇无畏的拼搏精神，并且在担任指挥官期间，总是高度关注军中士气和部队的训练情况。1940年，他顶住了敌人的攻势，在敦刻尔克撤退行动中做出了杰出贡献。之后，他开始担任第8集团军指挥官，负责帮助埃及抵御德国非洲军团。在此期间，蒙哥马利表现出色，他先是在阿拉姆哈勒法阻遏了隆美尔军，又在1942年的阿拉曼战役中予以隆美尔一记重击，取得了英军对德军的首次胜利！然而，无论是1943年7月的西西里，还是1944年6月6日的诺曼底，他的人生后续篇章都未能延续曾经的辉煌。

作为第21集团军群指挥官，蒙哥马利统率着所有地面部队。尽管他花费了高昂的代价发动进攻、对敌人展开了致命的轰炸，但仍未能迅速夺取卡昂。失败之后，他仍然傲慢地坚称，夺取卡昂并不在他的计划之内："我相信，只要我们在这个地区发动强力且持久的攻势，就能实现目标——将敌人的增援部队吸引到东侧。"蒙哥马利声称，他吸引大部分德军火力的目的是为布莱德雷创造突围的机会。这一解释稍显苍白，因为他曾在6月18日命令他的部队"占领卡昂，为集团军群打造一个钢铁般的东翼"。当然，这位将军是懂得量力而行的。因为兵力不足，他用兵保守，精心地策划进攻。但是，他太过谨慎了。他屡战屡败，激怒了艾森豪威尔。尤其是在同一阶段，英加联军在随后的法莱斯包围战中表现不佳，使得数千名敌军逃脱。

更糟糕的是，这位曾经击败了隆美尔的将军总以胜利者的姿态自吹自擂——但这并没有为他带来多少好处。艾森豪威尔终于迈出了那一步：他决定于9月1日接管陆军部队。尽管蒙哥马利被国王晋升为陆军元帅，但同时他也被剥夺了指挥权，因此他心怀不满。为重拾往昔荣光，他发动了数次冒失的进攻（特别是市场花园行动），并不断抨击艾森豪威尔。艾森豪威尔评价道："无论从外表还是内在来看，他都是个小人物。"

"我相信，只要我们在这个地区发动强力且持久的攻势，就能实现目标——将敌人的增援部队吸引到东侧。"
——伯纳德·蒙哥马利，《回忆录》，1958年

"无论从外表还是内在来看，他（蒙哥马利）都是个小人物。"
——艾森豪威尔

纳粹德国的抵抗

古德伍德行动

🇬🇧

1100
坦克

3
装甲师

2
步兵师

💥

377
坦克

3
装甲师

4
步兵师

☭

尽管实力悬殊，战局不利，但德军并未举起白旗。正因如此，他们在卡昂坚持了数周。虽然英加联军已经在7月4日攻占了卡尔皮凯机场（温莎行动），但直到7月9日，他们才夺取了卡昂的左岸。必须速战速决。7月18日，蒙哥马利发起了"古德伍德行动"。尽管盟军事先已经进行了大规模轰炸，但地面部队还是遭到了德军的猛烈抵抗。登普西将军损失了6 000余人和36%的坦克。最终，盟军在7月20日解放了卡尔瓦多斯，但那时，该地已化为灰烬。

策略的失败在一定程度上导致了行动的失败。轰炸制造了大量弹坑，阻碍了坦克前进；炸弹投放在城市中，但敌人的防御工事却集中在郊区；轰炸和地面部队进攻的间隔时间过长，给了德军重整军队的机会——尤其是他们还能从科龙贝勒的高地上观察到盟军的动向；英加联军的装甲部队推进过慢，导致他们被自己布设的、用于保护己方阵地的雷区阻隔。

然而，这些外在因素并不能完全证明德军强大的抵抗力。德方的坦克数量相当可观，运输计划和法国抵抗军的奋力战斗只略微削弱了德方的后勤实力——至少在最初并没有发挥太大作用。事实上，每天都有数十列火车穿越轰炸屏障。此外，树篱和丘陵地形都有利于防御：仅迫击炮和反坦克炮就对英美联军造成了高达70%的损失。最后，也许也是最关键的一点：德国国防军和党卫军都在顽强作战。一些狂热分子仍然相信纳粹德国会胜利，因为他们已经被成功洗脑了。例如，在1943年秋季的一次训练中，党卫军第12"希特勒青年团"装甲师的师长库尔特·迈尔将军宣称："士兵应该成为一个异教徒、一个狂热的战士，对每个法国人都怀揣着最深的仇恨，恨到要扑上去咬住他们的喉咙吸他们的血。他必须恨每一个人，每个人都是他的死敌。只有这样，我们才能赢得战争。"

当然，并不是每个士兵都是坚定的纳粹分子。一项针对诺曼底1 000名德国战俘的研究显示，三分之一的战俘支持纳粹政权，三分之一的人虽然不狂热，但也不排斥。但对这部分战俘来说，那些狂热的少数派对他们施加了难以摆脱的压力。而严苛的军纪又会时刻使应征者的神经紧绷，时刻提醒他们自己的职责所在。党卫军第17装甲师

大西洋壁垒让盟军吃尽苦头。在隆美尔的带领下，德军加固了防御，现在海岸线上布满了大炮和碉堡（架设在轨道上的大炮，摄于1944年3月25日）。然而，让第三帝国失望的是，看似坚固的大西洋壁垒最终只坚持了几个小时。

古德伍德行动的前期轰炸

1944年7月18日

5：45

4 800
吨

科龙贝勒、卡尼周边，
及德军第21装甲师的驻地。

7：00

772
吨

德军第126野战师的
阵地。

8：00

1360
吨

特罗阿恩及布尔盖比山岭
周边的德军驻地。

援军的竞速

1944年
6月6日—8月15日

 1个
步兵师

 1个
装甲师

 100辆
装甲车辆

总计

步兵师

 29

 24

装甲师

 11

 11

装甲车辆

 10 312

 1838

法国的命运不仅取决于前线的战况，还取决于双方输送援军的速度。盟军的问题在于：他们的人员和装备必须跨越大海，并且历经多次转运。德军的处境更为糟糕：诚然，他们占据了公路和铁道，但盟军的轰炸和法国当地抵抗组织的持续活动减缓了德国援军的前进速度，德方也无法及时将坦克、弹药和燃油运送到前线。

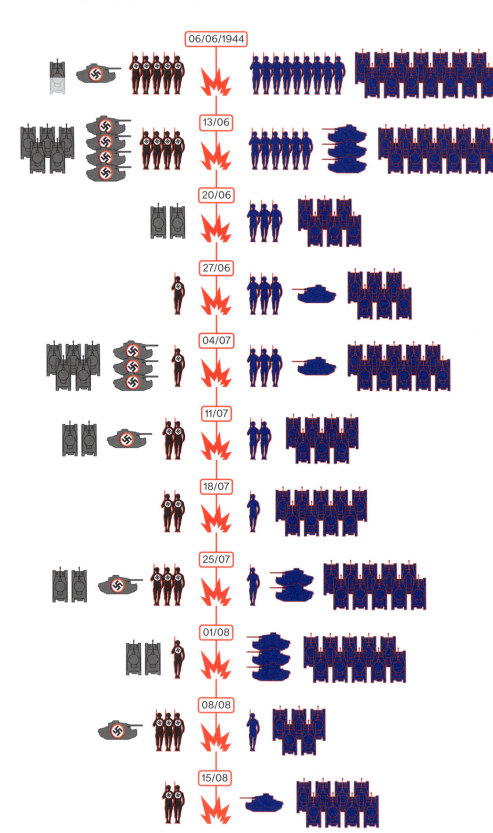

的一名团长甚至会站在阵地后方，毫不犹豫地射杀那些在美军坦克前怯阵的士兵。美军的一份报告指出："这些人仍旧会战斗，即使他们士气低落。他们这样做的部分原因是，他们是军纪严明的战士，他们的天职就是服从命令；另一部分原因是，他们害怕被军官射杀，或害怕自己的家人遭到报复。"

然而，面对盟军压倒性的优势，他们坚不可摧的信念崩塌了。事实上，德方已经没有足够的后继力量来弥补他们在人员和装备方面的损失。6月6日—7月9日，他们损失了150辆IV号坦克、85辆豹式坦克、15辆虎式坦克、167门75毫米反坦克炮和30门88毫米火炮（相当于两个德军装甲师的装备）——这些损失都已无法弥补。此外，前线每天都需要1 000吨弹药、1 000吨燃料和250吨粮食，后勤部门也已无法供应这些需求。7月起，轰炸和法国抵抗组织的攻势使德军的后勤陷入瘫痪。在东北部地区，6月的最后三周，"进入"法国境内的德国列车流量尚能维持在1—2月的80%；7月份，流量降至39%。紧接着，燃料极度短缺。1944年4月，德国空军尚且使用了180 000吨的煤油；到了8月份，空军仅使用了10 000吨煤油。正如隆美尔在7月17日发给希特勒的报告中所指出的，纳粹将军们已经意识到了事态的严重性。"在诺曼底前线，局势不断恶化，我们很快就会被击溃。"实际上，至7月23日，德军共损失了116 863人，并且只有26个师（其中包括10个装甲师）在对抗34个盟军师。此外还有第15集团军的20个师驻扎在北部地区，他们因为"坚忍行动"的虚假情报而在等待着不可能发生的登陆行动。

面对灾难性的局势，将军们主张撤退，强调可以通过收缩防线、依靠天然屏障（塞纳河或索姆河）来阻遏盟军的攻势。希特勒拒绝了这一提议，并且撤除了那些胆敢反对他的人的职务。7月1日，凯特尔向伦德施泰特问道："我们能做什么呢？"这位老将军回应说："讲和吧，蠢货，你还能做些什么？"伦德施泰特在7月2日被解职，克鲁格接任。局面僵持之下，一些军官密谋刺杀元首。1944年7月20日，冯·施陶芬贝格伯爵在希特勒总部"狼穴"安装了一枚炸弹，希望能除掉这位暴君。密谋者们希望通过此次行动，与西方国家单独签署和平协议，并寻求一个可行的政治方案来化解纳粹德国的战略僵局。"政客们必须趁手里还有些筹码的时候开始谈判。"与密谋者关系密切的隆美尔总结道。但命运另有安排，刺杀行动未能成功。英美联军不得不继续将这场因缺乏增援而陷于停滞的战争打下去。

英加联军夺取卡昂的过程无比艰辛。1944年7月9日，"查恩伍德行动"开始，大量谢尔曼坦克向着卡昂推进。最终在7月20日，卡昂解放。

英加联军为攻克卡昂付出了艰辛的努力，他们最终在7月9日夺取了这座城市的左岸（照片摄于战斗次日）。但这之后，又历经了漫长的10个日夜，士兵们才解放了卡昂的右岸。

德军巧妙地利用了地形的优势，树篱和树林为他们提供了天然的掩护。照片中的党卫军士兵正架着重机枪藏在树林里。

卡昂地区的德军负隅顽抗。抵抗过程中，他们投入了大量炮兵和装甲部队（摄于1944年7月）。

格尔德·冯·
伦德施泰特

1875

1953

诺曼底战役中最为人们所熟知的名字有隆美尔、克鲁格或施韦彭堡，但后人往往忽略了格尔德·冯·伦德施泰特在这场战役中发挥的作用，哪怕他是西线总司令。这位元帅并非无名之辈，在法国取得辉煌战果之后，他前往苏联担任南方集团军群指挥官，后来又于1942年3月15日调任法国。但法国的环境对他而言并不友好，他喜欢阅读侦探小说和玩填字游戏，法国让他变得易怒和悲观，加之他

还有酗酒的恶习，因此他的情绪变得更加不稳定。埃尔温·隆美尔的参谋长汉斯·施派德尔评价道："毫无疑问，他上了年纪，缺乏创造力，也不再有民族责任感。在他身上，我们越来越多看到的是冷漠和阴阳怪气的服从。"

这些因素导致这位年长的元帅不会进行大胆的反击。事实上，早在6月11日，伦德施泰特就建议部队撤退至塞纳河，并且他不断地强调自己的观点。灾难即将来临，凯

特尔询问他究竟何去何从，他甚至毫不避讳地回答："讲和吧，蠢货。"第二天，他被解职了。但这并不是第一次，他曾在1941年12月因建议在东线撤退而被解职。然而，希特勒仍旧对他充满信任。希特勒让他担任荣誉法院院长，负责审理7月20日的刺杀元首案，他没有拒绝。用施派德尔的话来说，他宁可让自己陷入"道德上的被动"，也不愿违拗上意。为了表示对元首的忠诚，这位壮心不已的老将甚至

重新提刀上马。他在1944年9月1日返回西线总司令部，以期在阿登进攻战中再展英姿。然而，1945年3月9日，雷马根桥失守，他被再度解职。尽管罪行累累，但伦德施泰特还是逃脱了审判，并因为健康原因而在1949年获释。

"毫无疑问，他上了年纪，缺乏创造力，也不再有民族责任感。在他身上，我们越来越多看到的是冷漠和阴阳怪气的服从。"
——汉斯·施派德尔，《1944年的入侵》（*Invasion 1944*），1950年

"讲和吧，蠢货。"
——格尔德·冯·伦德施泰特对威廉·凯特尔说，1944年7月1日

"伦德施泰特是一位绅士，他既聪明又睿智。但毫无疑问，他是我在德军高层中遇到过的最懒散的军人之一。"
——盖尔·冯·施韦彭堡对巴兹尔·利德尔·哈特说，《山的那一边》（*The Other Side of the Hill*），1948年

后勤

　　诺曼底战役能否取胜取决于资源的数量多少。哪一方能更快地将更多物资运输到前线，哪一方就能够取胜。第三帝国的资源虽然有限，但是盟军可以倚仗潜力无穷的美国——当然，前提是确保美方能够及时输送增援部队和装备。

　　从这个角度来看，6月中旬的局势可谓鼓舞人心。每天都有150～200艘船卸下7 000辆车、15 000吨补给和40 000名官兵。然而，最初几天的运输指标没有完成，累积下来的缺口无法弥补。截至6月18日，盟军只卸下了预计吨位的72.8%。因此，他们寄希望于人工港口来提升效率。

　　选择诺曼底，意味着盟军已然不会去攻略深水港。在拉特尔会议期间，他们决定着手建造人工设施，并在1943年10月绘制了战略地图。为搭建破浪结构，93个巨大的浮标（人称"轰炸机"）被放置在18米深的水域。在这条防波堤的保护下，盟军将建造两个港口：供美军使用的位于滨海圣洛朗的"桑葚A"，和供英加联军使用的位于阿罗芒什的"桑葚B"。146个沉箱（代号"凤凰"）就位后立即沉入海底，构成了一组堤坝。同时，盟军将约60艘老式商船沉入海底，充当临时锚地（代号"醋栗"）。这些都组成了两个港口的基础建设。预制的浮桥单元和组件（"罗布尼茨"和"鲸鱼"）组成港口的浮动码头，码头会随着潮汐的变化上下浮动。这是一个巧妙但造价高昂的系统：约有20 000名工人参与建设，工程总计消耗了30 000吨钢材和300 000立方米的混凝土，费用高达20 000 000英镑。

　　这个方案完美地解决了盟军缺乏港口的问题。但海神尼普顿却不甘寂寞。6月19日—22日，一场猛烈的海上风暴突然来袭。24架轰炸机被撞毁，码头被倾覆，一些"凤凰"被冲走。部分船只在锚地中像疯狗一样乱窜，撞沉了其他船只。结果，美军的港口被摧毁，他们不得不将之弃置；英军的港口则在风暴中幸存了下来。尽管命运多舛，但作战行动还是在6月26日开始重新运转。不过登陆最初几天存在的延误和风暴造成的损失却始终无法弥补。至6月30日，美军共缺少兵力127 000人。英军的情况则更加糟糕：至6月25日，英方共缺少20 000辆车，10天之后英方的兵力缺口达到276 000人。

　　然而，问题的关键并不单单在于

德军后勤的崩溃

1944年6月—7月

诺曼底战役胜负的关键点在于"量"，即双方能否按时地将"足量"的装备和人员运输到前线。在这方面，德军明显不占优势，尽管他们的工厂正在满负荷运转，但前线仍然没有足够的士兵和汽油。更为重要的是，盟军的轰炸和抵抗组织的活动对他们的后勤造成了严重的破坏。

需求运输量 ——————————

36 000
卡车

36
火车/天

10 000吨
物资/天

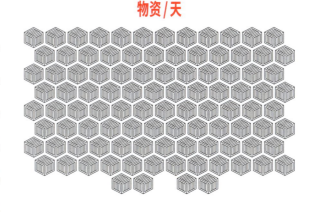

实际运输量 ——————————

2 000
卡车

9
火车/天

4 000吨
物资/天

计划的供应物流链

供应库存

400 km

转运区域

50 km

前线

400 km

实际的供应物流链

供应库存

250 km

转运区域

200 km

前线

250 km

德国紧缩，美国挥霍？
不一样的需求

现代战争需要人，更需要物资。无论是德国还是美国，交战中的每个师每天所需的物资都要以百吨为计数单位。而和德军相比，美军的需求量更为庞大。到了1944年夏天，纳粹德国仅在经济和后勤层面就已经无法和盟军竞争。无论在西线还是东线，德军的资源都远不及盟军。

需求（物资）吨位 _____

装甲师   **装甲师**

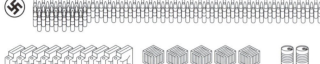
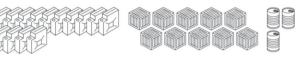
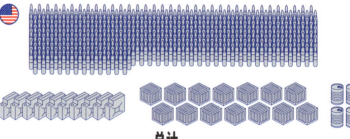

总计
353吨   总计
655吨

供应（物资）吨位 _____

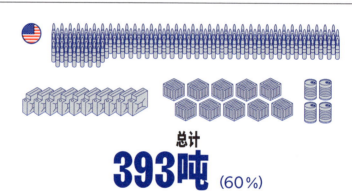

总计
115吨 (32.6%)   总计
393吨 (60%)

 1吨弹药   10吨汽油   10吨备用件   10吨生活物资

人数，还在于人员的结构。士兵伤亡惨重，步兵严重匮乏，将军们都在迫切地寻求解决方法。理论上来说，95%的援军都应该是步兵，但战争部只提供了76%的步兵。后勤人员（驾驶员、机械师等）同样不足。为确保成功登陆，盟军将每个师的后勤人员配比降到了最低（每个师16%～18%）。在登陆日后第40天（D＋40），这个比例应该提高到30%，但直到6月26日，该比例却仍旧维持在极低水平（16%）。一旦盟军重新开始机动作战，后勤人员的比例失衡就会极大地影响他们的行动。此外还存在物资短缺的问题。美军第1集团军每天都需要7 500吨弹药，但直到7月中旬，港口每天只能补充3 000吨。

物资的短缺限制了部队的行动。早在6月15日，美军第1集团军就开始对弹药的使用实行限制。7月2日，使用限制被解除。否则，柯林斯将军无法快速地进军瑟堡，米德尔顿将军也无法在科唐坦半岛展开行动。布莱德雷将军在他的回忆录中写道，在对鲁尔区展开行动之前，"我们从未有过足够的弹药来进行必要的射击"。

这样的结论不禁让人们怀疑起人工港口"桑葚"的实际价值。总的来说，它们的用处并不大。诚然，1944年6月6日—8月31日，英军通过阿罗芒什的港口运输了35.4%～48.5%的物资，但美军在失去人工港口的前提下，卸下的物资却比英军更多（美军日均10 000吨，英军日均6 000吨）。总之，这两个港口只分担了不到25%的运输量。这提醒我们不要沾沾自喜，更何况建造这些设施的代价是巨大的。1944年12月，沃尔特·蒙克顿爵士受命提交了一份关于人工港口的报告，他总结道："我们

在没有'桑葚'的情况下，也可能组织一次成功的登陆。"但还是有一点小小的不同，如果使用人工港口，盟军就不必去夺取深水港。这一点消除了战略家的忧虑，也会让德方措手不及：他们怎么也不会想到，盟军会大胆地搭建人工港口。

然而，技术并不总能确保胜利。尽管盟军成功上岸，但他们在1944年7月初仍遇到了棘手的难题。后勤变得疲软，预期中的增援部队并没有到达，死亡、受伤或失踪的人数在不断增加。至7月1日，英军损失了20 475人，如果算上加拿大的话，损失人数占总兵力（362 584）的6.46%。美国方面则损失了36 229人，占总兵力的8%。此外，占领区域的面积仅有2 500平方千米，而预计面积是24 600平方千米。空间不足，人员聚集，物资堆积如山，由此出现的拥堵会让装甲师难以部署。空军更没有临时的基地，飞机只好在英国和欧洲大陆间徒劳地往返，人员精力和燃料被大量地无效消耗。在这种情况下，用高昂的代价和极长的时间换来的卡昂并不足以打破战略僵局，持续的损失和恶劣的作战条件正在消磨军队的士气。在这样的前提下，英美联军不得不从预设好的战略框架中跳脱出来，以寻求一个最终的突破。

人工港口占地面积巨大，约500公顷，等同于多佛港的大小。从这张阿罗芒什的风景照（摄于1944年9月）中我们可以看出，暴风雨肆虐后的"桑葚B"港口仍在运转。但没有带来太大收益，美军失去了人工港，但他们的运输量要比其盟友更多。

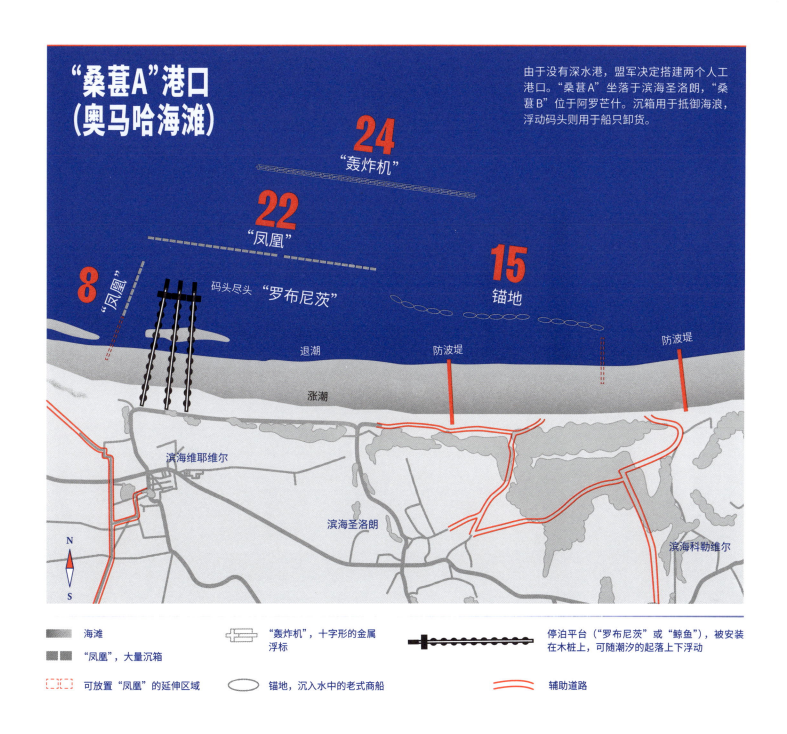

"桑葚A"港口
（奥马哈海滩）

由于没有深水港，盟军决定搭建两个人工港口。"桑葚A"坐落于滨海圣洛朗，"桑葚B"位于阿罗芒什。沉箱用于抵御海浪，浮动码头则用于船只卸货。

24 "轰炸机"

22 "凤凰"

8 "凤凰"

码头尽头 "罗布尼茨"

15 锚地

退潮

防波堤

涨潮

防波堤

滨海维耶维尔

滨海圣洛朗

滨海科勒维尔

N
S

	海滩		"轰炸机"，十字形的金属浮标		停泊平台（"罗布尼茨"或"鲸鱼"），被安装在木桩上，可随潮汐的起落上下浮动
	"凤凰"，大量沉箱				
	可放置"凤凰"的延伸区域		锚地，沉入水中的老式商船		辅助道路

6月19日来袭的风暴远不及登陆日那般猛烈，风速每小时45～60千米，浪高2～3米。但仍旧对两个人工港口造成了严重的破坏，以至于"桑葚A"不得不被强行拆除（照片中是用作锚地沉船的"百夫长号"）。

奥马哈海滩上的浮动码头，用于卸载从英国运来的物资。

失控的船只、漂流的"凤凰"、沉没的驳船……6月19日—22日的风暴席卷了人工港口。风暴摧毁了"桑葚A",也为盟军带来了严重的损失(摄于6月19日)。

战斗

犯罪及不法行为
美军第1集团军和第3集团军

1944年8月—9月

67
强奸或强奸
未遂

47
偷窃或抢劫

21
谋杀

18
袭击

诺曼底战役期间，作战双方的战斗条件都极其恶劣。美国精神病学家劳埃德·J.汤姆逊指出："压力巨大，心情紧张，这考验着个体应对全面战争的能力。"

树篱中的战斗让盟军战士们感到绝望。一名来自美军第90步兵师第358团的老兵说："枯燥乏味的日子让人变得麻木。入夜时分，我们查阅着伤亡人员名单，那些名字也许曾经是你的亲密战友，但对我们而言，这就如同翻看电话簿上的陌生人名字一样，已经触动不了我们的神经。"战略僵局滋生了士兵们的消极情绪，除此之外，他们还要面对让人不安的环境。首先，阴雨无止无休，士兵们衣衫尽湿，直到9月中旬才能更换；其次，他们只能拿到冰冷的口粮；夏日的作战时间无比漫长（早上4点15分到深夜11点15分），这让他们更加疲惫。许多士兵一直得不到休息。例如，6月8日登陆奥马哈海滩的美军第2步兵师在前线持续战斗了约303天。

恶劣的作战环境助长了猖獗的犯罪行为。有些士兵在消费后拒绝付钱，甚至有时还会抢劫。在攻占圣洛之后，美国大兵冲向了矗立在废墟中的法国兴业银行金库。更恶劣的是，强奸案的发生数量也在持续增加。

量化这些犯罪行为是一项不可能完成的任务。仅在芒什，就有208起强奸案和30起谋杀案记录在案。"解放者变成了掠夺者、强奸犯和杀人犯。"省长在8月中旬悲痛地总结道。不过，军方从未纵容过犯罪行为，169名被指控强奸的美国士兵中就有29人被处以绞刑。同样，军事法庭判处了35例死刑、48例无期徒刑，还有大量被处以平均刑期8年的刑事犯。

德国人也遭受了同等程度的苦难。糟糕的后勤部门无法为部队补充食物、汽油和弹药。从未间断的轰炸消磨着他们的神经，精神几近崩溃。"这些密集的轰炸仿佛大自然的力量在爆发，它们对作战部队，尤其对步兵的心理影响是我们必须直面的问题。不论是精锐部队还是二线部队，在这种强度的轰炸之下都会被毁掉的……这么频繁的轰炸，对士兵的坚持能力来说已是超越极限的考验。"克鲁格在1944年7月21日警告道。但德国人仍然坚信自己会胜利，因为他们蔑视敌人（尤其是美军），抑或

在树篱地区作战的经历十分痛苦。士兵们不仅要忍受恶劣的气候（尤其是下雨），还要提防利用地形掩护设伏的德国狙击手和火箭筒。虽然盟军部队可以像在卡朗唐（摄于1944年7月11日）一样大规模地使用火炮，但仍旧无法消灭抵抗的敌人。在卡朗唐的一些地区，双方士兵不得不拿起冷兵器近身肉搏。

是他们对所谓的"神奇武器"深信不疑，要么就是他们对希特勒抱有盲目的信仰。德国国防军的将领们用铁腕维持着纪律——这也解释了德国士兵为什么还能顶着如此巨大的压力顽强抵抗。1944年1月—9月，4 000人被处决，其中1 605人是因为临阵脱逃。不过，我们也不必夸大处决的影响，并非所有士兵都甘心为祖国捐躯。8月初，埃贝巴赫将军抱怨"抢劫、盗窃牲畜以及直

接亮出武器'假装购物'的行为"越来越多，他还为"因缺乏燃料而无法开动的车辆被用来充当与女性寻欢作乐的工具"而感到遗憾。

在这种情况下，双方许多士兵都崩溃了，有些人企图通过逃亡或自残来逃避战争。英国军事法庭在6月、7月以及8月分别处理了27起、216起、522起逃兵案。更重要的是，精神性疾病在英美队伍中肆虐。1944年8月，美军第

医学的进步降低了战争中的死亡率。第一次世界大战期间，因生病或受伤而死亡的人数占伤病员总数的8%，而到了第二次世界大战，这个数字下降到了4.5%。青霉素从死神手中夺回了12%～15%的伤病员生命。同样，磺胺类药物能治愈感染，而血液储存技术让输血变得普遍。根据战区的不同，施救能力也有所不同。欧洲战区的战线基本不会改变，因此医护人员可以在尽可能靠近前线的地方施救，有时甚至在海滩上就地治疗。但太平洋战区的情况却有所不同。

62%
精神类
疾病患者

重返前线

圣马尔库夫群岛的炮台曾是盟军将领的心病。这张照片摄于1944年6月8日，美国伞兵骄傲地展示着他们夺取的纳粹旗帜，轻松之感溢于言表。然而，荣耀带来的喜悦很快就会被痛苦取代，美军即将进入树篱地区作战，艰难的日子即将来临。

1集团军内确认了5 669例精神性疾病，第3集团军确认了1 831例，分别占非战斗减员的36%和18%。英军第2集团军在1944年的第三季度确认了8 930起病例，占减员总数的10.3%。这一现象最初并未在军中造成太大影响，毕竟他们成功登陆了诺曼底，并且取得了第一阶段的胜利。但随着战局僵持不下，病例的数量急速攀升，这迫使总参谋部必须对这一危险情况做出反应。一开始，英军会把病患撤回后方，而美军选择在尽可能靠近前线的地方就地治疗。如果病情严重，病患就会被送往营部或团部的急救站，然后再被转往后勤部队或是医疗单位。如果仍未康复，那么他们就会被转移到师部的伤病分类站。

在这里，精神科医生会命令病患进行时长72小时的静养疗程，必要时还会延长1～2天，并为他们提供镇静治疗。只有最严重的病例才会被转送到医院或是师级休养所，如果有必要的话，这些病患最后会被强制撤离。这个流程很有效。就整个诺曼底战役而言，美军62%的伤患返回前线，15%的人在接受治疗之后还可以进行非战斗性工作，其余的23%则转移至英国。这一方法的成功促使英国开始如法炮制。1944年7月，45%的士兵重返战场。的确颇有成效，

这一点是希特勒的军队无法企及的。纳粹的士兵不是超人，激烈的战斗导致精神性官能症在德军中肆虐，但由于担心"战争神经症"的暴发，德国医生拒绝承认这一点。因此，他们开发出了极其不人道的治疗方式——电击或大量注射胰岛素，并希望通过此举来震慑那些"假病人"。在诺曼底战场上，德军依旧如此：军官几乎不承认士兵患上了精神类疾病（在一支有9 000人的撤离队伍中，只有0.6%被认定为精神病患者）。另一方面，军官享有不一样的待遇：因为级别较高，所以人们不会怀疑军官"装病"，而且如果指挥官精神失常，就可以拒绝指挥。总体看来，这场盟军与纳粹之间的残酷战争，不仅引发了大量的犯罪行为，还导致了精神类疾病的流行。不过，纳粹德国残忍对待所谓"叛逆"士兵的方式，和盟军更为人道的治疗方式，可谓是一面反照了不同价值观的镜子。

无数士兵患上了精神类疾病，这一现实折磨着盟军将领们，他们努力以最人道的方式治疗病患。医生们用尽一切手段安抚士兵，给他们洗澡、为他们提供热饭，或组织团体治疗（这张照片展示了1944年7月22日英国一所医院中病患接受团体治疗的场景）。同时，他们也会进行药物治疗。

诺曼底的空载船只可以将患有精神类疾病的士兵运回英国，也可以将德军战俘押往英国（照片中的坦克登陆舰停泊在南安普敦，战俘们正在下船）。盟军在诺曼底的据点窄小拥挤，他们没有足够的空间来建立战俘集中营。

B集团军群
指挥官

京特·冯·
克鲁格

1882

1944

京特·冯·克鲁格出生于1882年。在波兰战役和法国战役中立下的赫赫战功，不仅助他成功晋升元帅，还令他备受希特勒赏识。1941年6月，他参与了入侵苏联的战争，随后在近两年的时间里一直担任中央集团军指挥官。1943年10月，他在一场车祸中受伤，直到1944年7月才重返部队，接替格尔德·冯·伦德施泰特担任西线德军总司令。这是一个看似不错的选择。布鲁门特里特将军当时是伦德施泰特的参谋长，他评价道："克鲁格是一位坚定、好斗的军人。"汉斯·施派德尔补充道："他的目光冰冷刺骨，凿刻般的脸庞下隐藏着那些他不敢承认的情绪。"这位好战的普鲁士贵族被认为是德国国防军中最有能力的领导人之一。走马上任后，他下定决心要扭转诺曼底的战局。他的第一步是让"沙漠之狐"隆美尔服从命令。在两人首次见面时，他便高声说道："从今天起，你，隆美尔元帅，必须毫无保留地听从命令，我建议你这么做。"但1944年7月6日，他在亲临前线时改变了想法，因为他意识到德国已经输了。不过，他没有参与7月20日的刺杀，他对参与刺杀的冯·施蒂尔普纳格尔将军说："只要那头猪还活着，我就必须服从命令。"但克鲁格还是被指控与参与者有染。确实，他曾经和某些人接触过，而且最为糟糕的是，8月15日那天，他失踪了12个小时——他的无线电卡车被摧毁了。最为重要的是，一些低级参与者为了减轻自身的罪责，诬陷了这位著名的将领。不出所料，希特勒在8月16日免除了克鲁格的职务，并命令他返回柏林接受审查。此中危情不言自明。返程途中，这位元帅选择在梅斯附近停留，并于19日服用氰化物自杀。在自杀之前，他给希特勒留下了一封信。信中他强调了自己对国家的忠诚，希望德国能继续抵抗。但他也建议，如果局势继续恶化下去，希特勒应该考虑结束战争。"德国人民已经承受了太多，是时候结束苦难了。一定有办法让帝国在不落入布尔什维克主义魔爪的情况下实现这个目标。"

"他的目光冰冷刺骨，
凿刻般的脸庞下隐藏着那些他不敢承认的情绪。"
——汉斯·施派德尔，《1944年的入侵》，1949年

"尽管和希特勒意见相左，但克鲁格依旧认为他们俩之间有着
无法割舍的联系。大概是因为他曾从希特勒手中获得了特殊
的荣誉或恩惠吧。"
——汉斯·施派德尔，《1944年的入侵》，1949年

"德国人民已经承受了太多，是时候结束苦难了。
一定有办法让帝国在不落入布尔什维克主义魔爪的
情况下实现这个目标。"
——冯·克鲁格致阿道夫·希特勒的信件，1944年8月18日

1944年

突破

03

眼镜蛇

蒙哥马利未能在预定时间内夺取卡昂，且在后续的"埃普索姆行动"和"古德伍德行动"中的表现更是无能，美国人对此大为恼火。

艾森豪威尔对"古德伍德行动"中的预先轰炸十分不满，他的副官哈里·布彻在报告中说："向敌人的前沿阵地投下7 000吨的炸弹，这真是有史以来最奢侈的轰炸了，但是我们只向前推进了7英里。如果每一英里就需要1 000吨炸弹的话，我们当真能够负担得起？"猜忌好似毒液，很快就渗入了人们心里。英国人鼓吹他们（所谓）的成功，美国人则怀疑他们牺牲了成千上万名美国士兵的生命，只是为了保全自己的部队。

随着战事逐渐陷入僵局，事态越发不妙。正如我们所见，英军在夺取卡昂的道路上举步维艰；而与此同时，美军的处境也不容乐观：他们想要攻占科唐坦半岛，却遭到了敌人的顽强抵抗。同样，米德尔顿将军曾试图在7月3日解放莱赛和库唐斯，但德军的第353步兵师却在拉艾迪皮的高地上负隅顽抗，盟军损失惨重。同样，柯林斯将军的部队必须从瑟堡前往卡朗唐与米德尔顿将军

所部会合，但他在前进的过程中遇到了阻碍。科利特将军也遇到了类似的困难，他终于在7月18日—19日的夜间攻破了目标城市圣洛，但此时的圣洛已沦为一片废墟。总而言之，美军第1集团军只向前推进了几千米，人们期盼已久的突破迟迟未能实现。

英军在东线失利后，美军决定在西部突围。为此，布莱德雷制订了一个全新的计划：先轰炸敌人的防御工事，一旦防线出现突破口，步兵率先突进，随后装甲部队利用这个突破口突入纵深，包围位于莱赛和库唐斯之间的德军第84军。尽管兵力比对上有利（15个美军师将挑战7个德军师），但该计划并非没有风险。坦克会在没有侧翼掩护的情况下，在树篱田间行驶65千米，整个计划的补给仅依赖科唐坦海岸沿线的一条道路，且这条路随时都有拥堵的风险。

此次行动的代号是"眼镜蛇"，开局便极为不利。7月24日，美军第8航空队的300架飞机投下700吨炸弹，意外炸死了25名盟军士兵。次日，1 500架轰炸机对德军的防御工事进行轰炸。尽管布莱德雷将军下达了命令，但轰炸机部队拒绝与公路平行飞行，因为这

眼镜蛇行动

1944年7月25日—31日

布莱德雷计划在科唐坦发动攻击，并在莱赛—佩里耶—圣洛防线上部署了部队。尽管他心存顾虑，但此次行动仍有一个良好的开端：德军的主要兵力都集中在卡昂附近，这对他们来说十分有利。

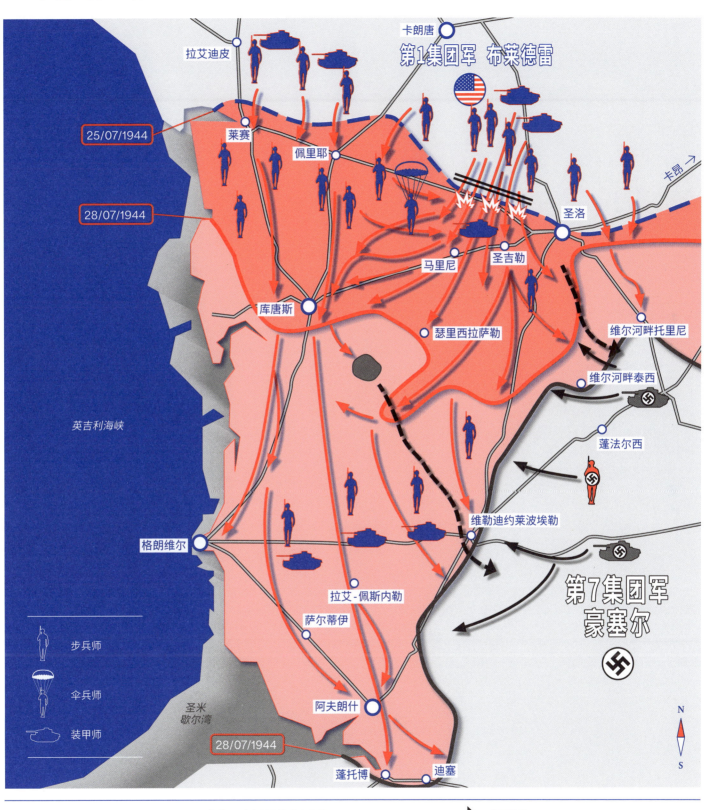

卡朗唐

第1集团军 布莱德雷

拉艾迪皮

25/07/1944

莱赛

佩里耶

28/07/1944

卡昂 →

圣洛

马里尼

圣吉勒

维尔河畔托里尼

库唐斯

瑟里西拉萨勒

维尔河畔泰西

蓬法尔西

英吉利海峡

维勒迪约莱波埃勒

格朗维尔

第7集团军 豪塞尔

拉艾-佩斯内勒

萨尔蒂伊

圣米歇尔湾

步兵师

伞兵师

装甲师

28/07/1944

阿夫朗什

蓬托博

迪塞

N

S

- - - - 7月25日的前线

—— 7月28日的前线

—— 7月31日的前线

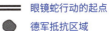 攻击前的炮击和轰炸，上午9：40～10：50

══ 眼镜蛇行动的起点

 德军抵抗区域

- - ➤ 德军撤退

——➤ 盟军推进

——➤ 德军攻势

149

尾声前的五幕

1944年6月7日—8月31日

诺曼底战役经历了五个阶段。①成功登陆后,美军前往科唐坦夺取瑟堡,不得不在树篱地形中作战;②进军卡昂,但久攻不下(英加联军未能及时完成任务);③"眼镜蛇行动"为卡昂之战带来了新的突破;④盟军成功包围法莱斯,但未能阻止大部分德军逃离;⑤盟军试图封闭塞纳河一线,但仍有大量德军逃离。

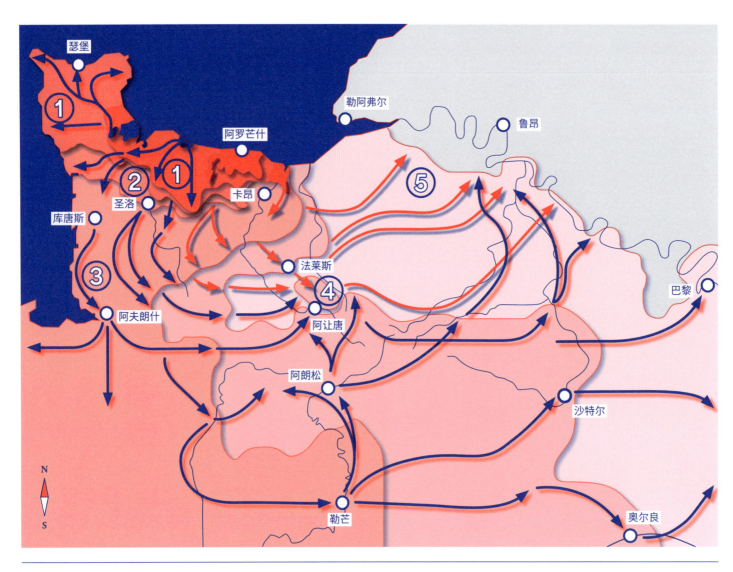

英加联军进攻路线

美军进攻路线

① 夺取瑟堡
6月7日—30日(24天)

② 树篱之战
7月3日—19日(17天)

③ 眼镜蛇行动
7月25日—31日(7天)

④ 法莱斯包围战
8月10日—21日(12天)

⑤ 包围塞纳河失败
8月20日—31日(12天)

1944年7月25日

1500

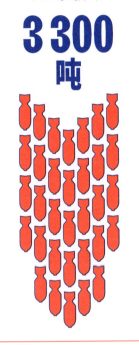

轰炸机

1500架轰炸机（B-17和B-25）在圣洛西北部的洛宗河畔蒙特勒伊和埃贝克勒翁之间投放了3 300余吨炸药。

3 300
吨

770
坦克

盟军在"眼镜蛇行动"期间出动数量。

样会使它们在高射炮火力下暴露2个半小时。由于轰炸机群采用了垂直于公路的飞行轰炸方式，又炸死了111名美军官兵，其中包括美军中将麦克奈尔。不过，此次轰炸行动成功地摧毁了敌人的防御工事，装甲教导师师长拜尔莱因将军报告说："许多士兵受到了惊吓，四处逃窜，直到被击毙。"在没有对现场的混乱程度进行真实有效的评估的前提下，柯林斯将军决定冒着陷入交通拥堵的风险，命令他的坦克加入战斗。

出乎意料的是，7月27日起，由于航空兵部队提供了有效的保护，坦克的投入让推进速度大幅提升。库唐斯、阿夫朗什、格朗维尔相继解放，坦克冲进了防线缺口。在72小时之内，7个师和10 000辆车迅速南下。

与此同时，英加联军也展开了行动。7月25日，加拿大第2军团发起"春天行动"，以支援"眼镜蛇行动"。同时，登普西将军发起了"蓝衣行动"，目的是绕到西线德军的后方，与战线另一侧的美军形成合围之势。但这两次行动都收效甚微。恶劣的天气阻碍了航空兵部队，使他们无法过多地支援地面战场，而且山丘和树篱都有利于防守。蒙哥马利再一次让人失望。

不过，布莱德雷抓住了机会。他决定只用米德尔顿将军的第8军来解放布列塔尼。虽然这是一场豪赌，但他成了大赢家：除了那些遵从元首命令而严防死守直至1945年5月的城市（例如洛里昂），整个布列塔尼地区在极短的时间内得到了解放。断崖式的崩盘让希特勒感到震惊。他下令发动代号为"列日"的反攻，以求分割美军第1集团军和第3集团军，重新与科唐坦半岛西岸建立连接。

结果，这场反攻演变成了一场灾难。8月2日，盟军通过"超级机密"截获德军的通信，他们迅速压制住了敌人的攻势。8月9日，反攻彻底失败。

8月初，命运的轮盘发生转变，艾森豪威尔进一步扩大战果。他命令美军转战东部，将英加联军派往法莱斯，以求用这两股力量包围德军第7集团军和西部装甲集群。8月7日，加拿大军队开始向法莱斯进军（"总计行动"），同时美军第3集团军的部分部队开始沿着勒芒—阿朗松—阿让唐前进。但布莱德雷还是因为过度谨慎而失误了。他放缓了军队的前进速度，以避免美军介入英军防区——因为这可能会为自己的军队带来额外的友军误伤。他减少了兵力，让主力不朝正东方向开拔，直指巴黎。因此，堵住防线缺口的任务再次落在了蒙哥马利身上，蒙哥马利也再度陷入困境。"温顺行动"的目标是夺取法莱斯，但盟军在行动过程中遭到了德军的激烈抵抗，最终在特伦和尚布瓦之间留下了一条久攻不破的窄道。直到8月19日，这条窄道才被拿下。

至此，诺曼底战役结束了，盟军取得了"一半的胜利"。盟军虽然赢下了战役——这可谓是一项壮举，但他们未能摧毁德军的主力部队。这一结论可能也适用于整场法国战役。

预先轰炸对德军的防御工事造成了一定的破坏，一辆车和一门让士兵生畏的德军88毫米反坦克炮在轰炸中被摧毁。照片中，美军第7军团的士兵难掩喜悦。

1944年7月25日发起的"眼镜蛇行动"打破了英美盟军的战略僵局，取得了期待已久的突破。但代价是巨大的，诺曼底的许多城镇最后被夷为平地（摄于1944年8月的法莱斯）。

虽说条条大路通圣洛，但条条大路也有地雷。美国士兵在前往芒什的过程中必须格外小心（摄于7月21日）。

解放！

龙骑兵行动

1944年8月15日

3
美国师

7
法国师

909
建筑物

5
装甲舰

9
航空母舰

5 000
飞机

盟军突破了德军的防线，直捣阿夫朗什，成功扭转战局，英美联军由此打开了通往法国北部的大门。随着普罗旺斯登陆的推进，南法也被逐步解放。

美军借着胜利的势头迅速向东推进。美军第12军于8月7日占领了奥尔良，第15军则于次日行至芒特—加西库尔一带。在戴高乐将军的紧急求援下，艾森豪威尔同意抽调勒克莱尔将军的第2装甲师前往巴黎协助当地的起义军。隶属冯·肖尔蒂茨的巴黎驻军于8月25日在蒙帕尔纳斯火车站投降。

与此同时，随着战局的变化，英加联军终于重新与大部队建立了联系！突破了逼仄的诺曼底之后，他们开始迅速北上，并于8月30日攻占了鲁昂，又在第二天夺取了亚眠。随后在9月2日，占领了里尔。9月4日，解放了安特卫普和布鲁塞尔。盟军的装甲优势和空中优势体现了出来。此时此刻，德国人就如同1940年的法国人，正在经历一场令人震惊的闪电战。

除了这些胜利，南法也捷报频传。艾森豪威尔刚一上任就主张干预普罗旺斯，这样不仅可以确保诺曼底西翼的安全，也可以夺取对盟军后勤大有帮助

的马赛港。在他看来，"霸王行动"和"铁砧行动"应该是同时进行的。但由于缺少船只，普罗旺斯登陆计划不得不推迟了两个月。7月2日，参谋长们同意登陆计划，丘吉尔却持反对意见。在首相看来，登陆普罗旺斯意味着削弱意大利前线的战斗力，而他还期望在那里取得辉煌的战果。

这位英国"斗牛犬"十分顽固。7月12日，他的参谋长们指出，"铁砧行动"对盟军而言"并非正确的战略"。一周之后，他又要求罗斯福的顾问霍普金斯取消这次行动，因为苏联红军正在渗透东欧——这是十分危险的。8月10日，英国的参谋长们终于屈服了。唐宁街的主人只挽回了一点点的自尊心：行动代号从"铁砧"改成了"龙骑兵"（Dragoon），因为这才能体现出他是被迫的（dragooned）。

1944年8月15日，"龙骑兵行动"开启，共动员了900艘舰船，其中包括393艘运输船，第一拨共计登陆33 000人。这批远征军共320 000人，其中三分之二为法国人，他们负责夺取土伦和马赛；而帕奇将军率领的美军部队沿着罗讷河谷推进，目标是解放法国南部。

解放法国

1944年6月6日—1945年2月2日

在狭窄的诺曼底桥头堡原地踏步近两个月后，盟军终于开始了新的征途。英加联军向正北推进，美军向东推进，从普罗旺斯登陆的远征部队则朝着罗讷河谷进发。到了秋天，除了阿尔萨斯大区之外，法国全境得以解放。

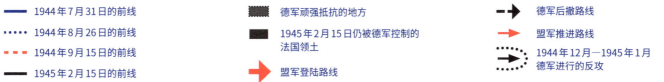

—— 1944年7月31日的前线	▨ 德军顽强抵抗的地方	⇢ 德军后撤路线
⋯⋯ 1944年8月26日的前线	■ 1945年2月15日仍被德军控制的法国领土	→ 盟军推进路线
- - - 1944年9月15日的前线		⤑ 1944年12月—1945年1月德军进行的反攻
—— 1945年2月15日的前线	➤ 盟军登陆路线	

155

尽管诺曼底平民满怀喜悦地期待着解放者的到来，但战争毕竟是残酷的。照片上，一边是倒在地上的德国士兵，一边是对此视而不见的平民。

盟军在战争过程中的放松时刻（摄于1944年6月20日诺曼底的一家咖啡馆）。

恶劣的天气折磨着士兵们的神经。诺曼底和孚日山脉阴雨连绵（照片记录的是1944年11月布尔特地区的光景），士兵们衣衫尽湿。

地中海港口，后勤枢纽

1944年
9月15日—28日

905 000

人

1 435 000

吨

物资

卸在

马赛
土伦

西线

和诺曼底不一样的是，普罗旺斯的防御极为薄弱。驻扎在南法的210 000德国大军只是装备较差的二线部队，并且缺乏坦克部队。因此盟军一路可谓畅通无阻，仅有两艘舰船被击沉。截至8月17日，130 000盟军士兵踏上了普罗旺斯的土地，3 546人伤亡。事实上，希特勒在头一天下达的命令反而为美法联军助了一臂之力。他命令德军撤退，死守港口城市。尽管战况激烈，但德·拉特尔还是在8月28日攻占了土伦。在马赛，当地的抵抗力量响应内地军起义的号召，加入了战斗，因此德·拉特尔在同一天又夺取了马赛。

德军迅速后撤，总参谋部不得不重新制订作战计划。最终，他们只派遣了一个美军师沿着罗讷河谷前进，其他两个师则沿着拿破仑之路直逼格勒诺布尔。8月23日，格勒诺布尔被解放。此外，攻克土伦和马赛之后，法军与美军会师，一起沿罗讷河谷北上，并于9月2日夺回里昂。

进展十分迅速。盟军于9月11日进入第戎，并于12日在塞纳河畔沙蒂永附近与来自诺曼底的友军会师。

法国南部的解放过程也基本顺利。到8月，第6集团军群的伤亡和失踪人数共计10 000人（其中5 000名是法国人），德国国防军则将58 000名俘虏弃之不顾。此外，马赛和土伦的港口在9月15日和20日先后被投入使用，为盟军的后勤提供了强有力的支持。至1944年9月28日，共有905 000人从两个港口进入法国，卸下1 435 000吨物资。1944年11月—次年1月，西线港口的卸载物资总量为4 460 000吨。

总而言之，几乎整个法国（东部除外）都在很短的时间内获得了解放。艾森豪威尔的赌博战略取得了成功，但还有一点不足：大部分德军已经有序撤离了。当然，德军在法莱斯包围战中损失惨重，他们被迫弃置了大量装备：571门火炮、358辆坦克和4 715辆车；人员方面，5 000～6 000人战死，30 000～40 000人被俘。同样，6月6日—9月1日，纳粹德国在西线损失了393 689人（54 754人死亡），而英加联军损失了83 825人，美军损失了125 847人。另一方面，仍有45 000～100 000名德国士兵逃出了法莱斯的包围圈。驻扎在普罗旺斯地区的布拉斯科维茨将军也成功带领着130 000德军撤退（总共210 000人）。这些部队将会在德国的土地上更加坚定地等待着盟军的到来，因为他们誓要为保卫自己的家园和家人而战。

登陆普罗旺斯远比登陆诺曼底轻松。第1空降特遣队降落在勒米和卡尔努勒之间的海岸后方，以支援登陆部队。

1944年8月19日，美军顺利抵达马赛，圣让堡的大炮已经噤声，庆典伴随着解放而来。1944年9月17日，在"祈福圣母"（下图）的主持下，马赛举行了《感恩赞》庆祝仪式，庆祝可恨的侵略者的离开。

炮火下的
诺曼底

由空袭或
地面战斗
造成的
死亡人数：

卡尔瓦多斯

8 140

芒什

3 800

奥恩

2 200

如果说从前的诺曼底还算能够在战火中幸存的话，那么1944年6月6日之后的诺曼底便宛若人间炼狱，钢铁风暴从天而降，毁灭性的战斗席卷了这片土地。

一开始，为了不引起德军注意，英美联军并没有轰炸该区域。但在登陆日当天，盟军的空中力量开始全方位地轰炸诺曼底。6月6日，卡昂和圣洛遭到空袭，火车站和发电站被毁。随后在6月13日，埃夫勒遭到轰炸。最为悲惨的要数勒阿弗尔，该城市在1944年9月5日—11日的空袭中被摧毁殆尽。这种无差别攻击方式造成了极大的破坏，约20 000名诺曼底平民死于炸弹之下（下诺曼底14 000人，上诺曼底6 000人）。无疑，其中有一半可能是在6月6日—15日的袭击期间丧生的。除了人员伤亡惨重，很多城市也被夷为平地，例如圣洛、勒阿弗尔和卡昂。1936年，卡昂共有15 000座建筑；空袭之后，9 000座被完全摧毁，5 000座遭到不同程度的损坏。时任卡昂副市长的约瑟夫·普瓦里耶眼睁睁地看着城市沦为炼狱："炸

弹落在布拉斯街上，炸死了一位区长和他的妻子。一枚燃烧弹落在附近街区，顿时火光冲天，火势迅速蔓延到我所在建筑的附近，场面十分恐怖。圣约翰教堂和周遭的一切都被火海吞没。到处都是失火点，至少20处。"

面对如此浩劫，平民们变得躁动不安。一些人选择逃离城市，前往乡村避难。逃难的背后有各种复杂的理由：首先，纳粹政府鼓励平民离开，这样他们就不会妨碍德军的行动。与此同时，他们为己方留出了主干道，以便更高效地调动部队。此外，政府垄断了汽油供应，禁止平民使用车辆，因此平民只能骑自行车或乘马车撤离。约瑟夫·普瓦里耶回忆道："一位老农夫把他的家人和他们能带走的所有东西都塞进了一辆装干草的马车里，由一匹白马拉着。为了避免被路上的机枪扫射到，他在那头可怜的畜生的屁股上、背上甚至是脸上，都涂上了大大的红十字。看到这一幕你可能会发笑，但你更会感到心酸。"另一方面，维希政府只是十分勉强地鼓

盟军不惜一切代价解放诺曼底：他们对市镇发动空袭。圣洛77%的区域遭到破坏，还有许多城市也和圣洛一样，彻底沦为废墟。

盟军重点轰炸
行动中的受难者

1944年6月6日—7月26日

盟军对诺曼底的轰炸行动破坏力极强但无用。以卡昂为例，德军将防御力量都部署在了城市郊区，因此对城镇的轰炸不仅是无用功，轰炸留下的弹坑和废墟还会阻碍装甲部队的前进。

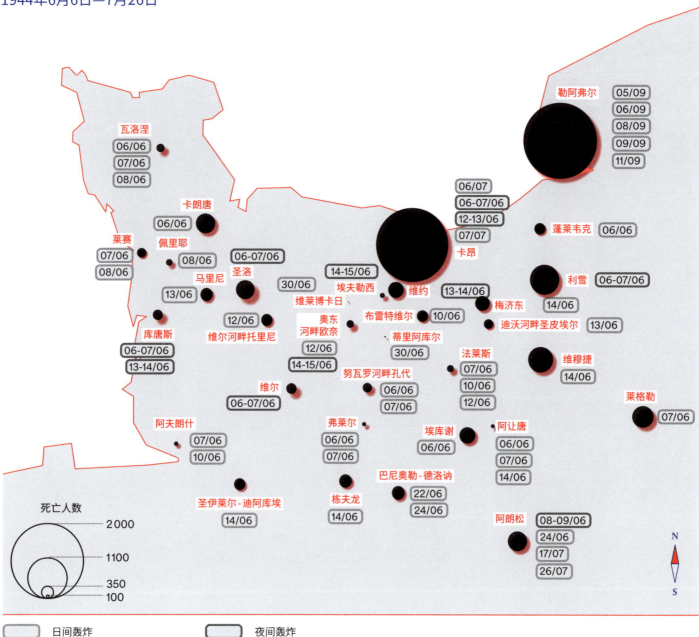

死亡人数

2000
1100
350
100

日间轰炸　　　　夜间轰炸

城市	人口 (1936)	受害者人数	损坏程度 (%)
维莱博卡日	1202	25	86%
蒂里阿库尔	1008	35	71%
阿让唐	8000	102	91%
弗莱尔	–	108	–
阿夫朗什	13658	116	70%
埃夫勒西	430	130	85%
佩里耶	6952	172	80%
法莱斯	5643	184	69%
奥东河畔欧奈	1676	200	74%

城市	人口 (1936)	受害者人数	损坏程度 (%)
瓦洛涅	10370	214	75%
努瓦罗河畔孔代	4800	250	70%
库唐斯	9732	269	65%
维尔	5786	279	73%
圣洛	10937	500	77%
利雪	15150	794	75%
卡昂	61334	1967	73%
勒阿弗尔	165067	2000	82%

城市受损程度

勒阿弗尔
82%

卡昂
73%

圣洛
77%

阿让唐
91%

励平民撤离，因为那些管理者预见到，接纳大量的流动人口将带来难以解决的问题。

人口流量确实巨大。截至6月底，约15 000人涌入了奥恩省。然而，"在几乎没有或根本没有人指挥的情况下，这些人依靠徒步或乘坐马车，经过一番艰苦跋涉、行进那么远的距离之后，他们会发现什么呢？村里没有面包，也没有药品，夏天还能勉强度日，冬天极为难熬。"一位来自战争事件保护部(SIPEG)的官员警告道。迁入地区的糟糕条件解释了为什么城里人更愿意留在自己的城市，因为他们更熟悉城市的情况，亲朋好友和邻居之间也能提供帮助。幸存的卡昂平民中，三分之一选择了留守，尽管他们的处境也没好到哪里去——"礼堂变成了托儿所，几位令人钦佩的护士无私且勇敢地照顾着那些可怜的婴儿，他们中的大多数已经失去了父母，救援人员在废墟和瓦砾中找到了他们，将他们带到了这里。整晚，流离失所的人不断涌入这个安置点。我就被安置在一个小房间里，和50个人挤在一起。那个房间是我的办公室、会议室和卧室。我看着一群群被残酷战争赶出家园的人从我面前走过。管事的竭尽全力、尽其所能，试图把所有人都安置妥当。"约瑟夫·普瓦里耶说道。

最后，轰炸有时也会加深平民对解放者的敌意——无论是隐晦的，还是公开的。一位盟军军官曾兴奋地说："考虑到诺曼底平民个性内敛，我认为我们的部队无论在哪里都受到了真诚而热情的欢迎。通过多次观察，即便那些人因为战争失去了亲人和财物，也能乐观接受。他们将之视为个人对这个长久以来期盼解放的国家做出的贡献。"瑟堡的

一名男性居民向德·普里上尉证实了上述观点："如果我的房子没有受到一点损坏，我都不觉得自己参与过解放战争。"

不过，也有一些人持相反态度，他们对轰炸城镇的必要性表示质疑。戴高乐政府的卡尔瓦多斯省省长皮埃尔·多尔坦言："我一直都是贵国的朋友，所以恕我直言，居民们一直不理解大规模轰炸（卡昂）的必要性，因为当时城里并没有多少德军……至于有人说空袭是为了切断道路，我的回应是，在这个地区，有太多可供选择的大路和小道，所以轰炸是没有意义的。"

有时，部队也会接受这样的批判。一名叫惠特克的英国士兵对盟军的战术感到惊讶："这更像是一场屠杀游戏。我们一边举着'解放'的大旗，一边杀害法国平民，这就好像如果我们要'解放'人民，就必须先杀掉一半人民，毁掉他们的家园和他们所拥有的一切！这是什么方法？"

还有一些人则对这些被解放人民的忘恩负义感到愤慨。英国士兵莱斯利·罗克尔说："令人震惊的是，我们并没有像被告知的那样，以解放者的身份受到当地人的欢迎……我认为原因很简单：在我们到来之前，诺曼底一直没有受到战火的侵袭，当地人认为我们会被海浪冲走。在他们眼里，我们才是带来破坏和恐惧的人。"。

除了极少数个例，诺曼底的解放过程既不快乐，也不平静——这是一个事实，一个长期以来被博物馆和纪念碑所掩盖的事实。因为我们要歌颂英美部队的光辉事迹，是他们将法国从纳粹的控制下解放了出来——我们必须不断重申——是英美部队拯救了困于纳粹枷锁之中的法国。

平民是战争年代最不幸的受难者。为缓解平民的痛苦，当地政府虽然有时会为他们提供援助，但他们的苦难并没有随着解放者的到来而结束。1944年10月，卡昂"男子修道院"在为难民提供免费食物（上图和下图）。

交通线路是轰炸的主要目标（如被盟军的轰炸机炸毁的圣洛火车站）。

整合的抵抗组织

在伦敦和华盛顿看来，抵抗组织不会在登陆行动中扮演重要角色。在摩根将军的战前构思中，抵抗组织的加入只不过是一个"意外收获"，因此绝对不可能将登陆行动的成功寄托于那些被纳粹打击和瓦解的地下力量身上。让盟军领导人惊讶的是，这支"影子部队"出色地完成了大部分任务——尽管他们在此过程中承受了巨大的损失。

地下组织的首要任务是收集敌方情报。在这一点上，法国抵抗组织确实为盟军提供了相对准确的敌方防御部署情报。战略情报局的负责人多诺万将军表示，关于登陆日的80%的有效情报都是由戴高乐的情报组织所提供的。他们并没有止步于此，仅在6月，这个组织就向多诺万递交了5 000余份报告。8月18日，盟军总参谋部希望掌握巴黎地区德军的基地数量，他们仅在36小时之内就递交了答案，甚至还标出了那些无法通过空中侦察发现的目标。话虽如此，但我们还是不能夸大地下组织的贡献，盟军在很大程度上更加依赖空军的照相

侦察情报，例如在关于沿海防御工事的资料中，80%的文件都来自空中拍摄。

此外，抵抗组织还参与了一系列行动。例如阻断铁路运输（绿色计划）、扰乱敌方通信（紫色计划）、阻碍德军地面部队的行进（乌龟计划），等等。从结果来看，抵抗组织也算不辱使命。6月6日—27日，他们切断了3 000条铁道。6月、7月和8月，他们分别摧毁了敌人217、253和188辆车。与此同时，他们也在力所能及的范围内，尽力阻止德军部队朝着诺曼底方向集结。

最后，当地抵抗组织的支援也为盟军的推进创造了有利条件。他们不仅为盟军提供指引，也负责监管俘虏和守卫重要据点（例如莫尔莱高架桥），以便让正规军从烦琐的琐事中解脱出来，从而更专注于核心任务——战斗。

抵抗组织的出色表现赢得了盟军将领的赞誉。乔治·巴顿坦言，在布列塔尼地区，"抵抗组织的支持是无价的"。一份报告甚至认为，"战斗前十天所取得的战果要远远超出预期……铁路网络

妇女也会加入抵抗组织，但鲜少有人拿起武器，能够开枪的更是少之又少。1944年8月23日，妮可在沙特尔附近俘虏了25名德国士兵。在那个性别差异极为鲜明的时代，她仍旧属于个例。

随着抵抗运动愈演愈烈，镇压活动也越发频繁。无论是法国本土的亲德势力（左图，1944年7月7日，镇压游击队）还是德国正规军，都会毫不犹豫地处置那些反抗分子（上图，1944年7月）。

巴黎的解放激发了群众心中的热情。男女老少纷纷主动站起来，加入驱逐侵略者的大军。他们没有现代化的装备，手中拿的武器也是五花八门，头上戴的要么是消防头盔，要么是从敌人那里夺取的德军头盔。

铁道之战

1944年
6月—8月

820
火车头
被空军击毁。

600
火车头
在袭击中被摧毁。

严重瘫痪，德军的运输和补给要么完全中断，要么被无限期推迟。"

然而，这一美好的场景也存在些许阴影。我们很难判断功劳到底属于谁。例如，铁道瘫痪既是抵抗组织的功劳，也是盟军空袭的成果。而空袭破坏的车辆数（6月324辆，7月301辆，8月195辆），也要高于抵抗组织直接炸毁的数量（6月217辆，7月205辆，8月188辆）。

更重要的是，这些抵抗组织也参与了常规军事行动，但遭到了德军的血腥镇压。在戴高乐将军的倡议下，一支大规模游击队诞生了。他们希望在盟军的支援到来之前，解放一小部分法国领土（至少在6月18日之前）。成功登陆的消息一经发布，就有数千名志愿者聚集在中央高原地区的蒙穆谢，企图切断从大西洋沿岸后撤的德军道路。6月10日，库尔特·冯·耶瑟尔将军决心消灭这支不正规的抵抗部队，他的第一次进攻就让法国人损失惨重：125名游击战士和50名平民丧生。同样，6月6日之后，不少志愿者汇聚在了法国东南部的韦科尔地区，试图切断驻扎在地中海沿岸的德军撤退路线。7月21日，普夫劳姆将军率兵对这片高原发动猛烈攻势，仅在三天之内，他们就杀害了326名游击战士和130名平民。这些惨痛的例子证实了盟军的担忧，抵抗组织只能进行游击战，不能参加正规的军事行动。一名战略情报局的官员表示："抵抗组织无法长期守住一个地区，他们应该保持机动性，并且严格采取基本的游击战术。"另一位官员补充道："法国内地军既没有武器，又缺乏组织和纪律，更没有正规的训练和指挥，无法针对一支决心已定的敌方军队发起大规模的军事行动。"

最后需要指出的是，法国共产党的一些政治权衡引发了一系列惨剧。当时他们的想法是，即便不能夺取政权，也要创造一种能制约戴高乐的权力平衡。一方面，在这种野心的催动下，法共试图解放一些城市。例如在1944年6月7日，自由射手和法国游击队占领了蒂勒，德国人看到医院中摆放着40多具尸体时大为震怒。第二天，德军重新占领了科雷兹，并将99名当地平民吊死在蒂勒的路灯上，然后又将149人遣送至集中营。法国共产党还曾试图在全国范围内发动起义，结果以失败告终。在法国212个主要城市中，只有5个城市爆发了起义，虽然其中包括极具象征意义的巴黎，但也就仅限于此了。因此，法国共产党的政治博弈基本上可以说是全盘失败。

总而言之，"影子部队"在法国的解放战争，尤其在诺曼底战役中，发挥了重要的作用。但我们也不能夸大他们的贡献。不论有没有抵抗组织，盟军都会战胜德军——只是方式肯定会和我们现在看到的有所不同。除了提供情报和军事援助之外，最重要的是，抵抗组织让艾森豪威尔的部队感受到了友军带来的安全感，他们时刻拥有当地人民的支持（不论是主动还是被动）。这是一个能够决定战局的有利因素，也激化了德军的残暴手段。

抵抗组织虽频繁破坏铁路网，但也不是每次袭击的结果都令人满意。虽然"影子部队"在6月9日成功击溃了比热地区雷库拉弗尔桥上的一支车队，但他们未能摧毁此次行动的主要目标——上图背景中的装甲列车。

1944年7月29日，杜省德韦西的破坏行动大获成功。"影子部队"不仅摧毁了两列德军的火车，还成功致使贝桑松—沃苏勒铁路线瘫痪。

抵抗组织在法国解放的进程中发挥了重要作用。"绿色计划"的目标正是破坏敌方的铁路网——法国内地军执行了此次任务（照片展示了1944年夏，法国内地军在索恩和卢瓦尔执行任务的场景）。

乔治·S.
巴顿

PATTON

1885

1945

对乔治·巴顿而言，诺曼底登陆行动是一次苦乐参半的经历。诚然，这位热情奔放的将军总给人一种矛盾的感觉，因为粗鲁，他没留下什么好名声。甚至有人恶毒地说，他的雕像被放置在西点军校图书馆附近，这恐怕是他离书本最近的一次。

不过在人们的心中，他至少是热情的、有冲劲的。这些品质在北非战场和西西里战役中展现得淋漓尽致，他出色地解放了巴勒莫和墨西拿。但他是个善妒的人（他嫉妒艾森豪威尔，并暗中叫他"上帝的宠儿"），加之脾气暴躁，导致他无法得到他理想中的指挥权。1943年8月，他在视察一所意大利的医院时扇了一名士兵的耳光，指责士兵因怯懦不敢上战场。一周之后，他重访这所医院时，又打了一次。士兵说："这是因为我神经衰弱。""你的神经！看在上帝的分上，你他妈就是个胆小鬼，一个婊子养的懦夫。"这件事情被披露之后，艾森豪威尔不得不免除了他的职务。因此第1集团军的指挥权落到了奥马尔·布莱德雷手中，巴顿只能接管当时还在训练中的第3集团军。1944年4月25日，这个爱犯错的老顽固再度闯祸，他受邀在纳茨福德一幢建筑的落成典礼上讲话，他笃定地说："美国人和英国人显然注定要统治世界。"这番言论激怒了苏联人、法国人和南非人……艾森豪威尔不得不于5月1日再次撤销巴顿的职务，以示惩罚。

因此，在6月6日这个重大时刻，巴顿必然不会成为战争的领军人物，这让他感到羞愧。他在信中对妻子写道："他们把我扔进了狗窝里！狗窝里！我必须做出一些惊天壮举来，当我重返战场时，必将掀起惊涛骇浪。"直到7月份，他率领的第3集团军才开始部署。虽然他带着部队冲进了科唐坦的突破口，解放了布列塔尼，参与了法莱斯包围战，但他并没有获得多少荣誉。由于美军的推进速度缓慢，加之燃料短缺，梅斯久攻不下。巴顿为此不停抱怨，他说："我的士兵可以吃皮带，但我的坦克需要燃料！"直到1944年11月22日，盟军才攻破梅斯。巴顿真正的高光时刻在后来的阿登战役。但那个时候，诺曼底战役已经在好几周前就结束了。

"你的神经！看在上帝的分上，你他妈就是个胆小鬼，一个婊子养的懦夫。"

——乔治·S.巴顿对一名士兵说，第93号战地医院（西西里），1943年8月10日

"美国人和英国人显然注定要统治世界。"

——乔治·S.巴顿，纳茨福德，1944年4月25日

"他们把我扔进了狗窝里！狗窝里！我必须做出一些惊天壮举来，当我重返战场时，必将掀起惊涛骇浪。"

——乔治·S.巴顿，致妻子贝雅特丽齐的信，1944年

"我的士兵可以吃皮带，但我的坦克需要燃料！"

——乔治·S.巴顿，梅斯，1944年11月

受难中的法国

**被纳粹德国
占领期间的
血腥镇压**

4 000
被射杀

15 000
死于战斗

88 000
被押送至集中营

对法国而言，纳粹德国的占领无疑是残酷的，其遭遇的难行与东欧地区所遭受的野蛮对待不可同日而语——无论是在波兰还是在被纳粹铁蹄践踏的苏联土地上。1944年6月6日，法国全境正式奏响了反抗的乐章。随着暴力反抗越发激烈，镇压行动也不断增加。有时，德方的镇压目标甚至超过了"常规"范围：原先他们只针对犹太人、共产党人或是抵抗分子，而现在开始无差别打击所有阶层的平民。三种形式的屠杀席卷了整个法国。

第一，平民可能仅仅因为不幸出现在事发地点就成为被攻击目标，无论他们是否支持游击队。7月9日，一支游击队在北滨海省波默里-若迪的一座农场不远处遭到德军袭击。部分游击队员设法逃脱，但一位农民却惨遭杀害，并被焚尸，还有3位雇工在遭到虐待后被释放。第二天，德军放火烧毁了那座农场。军事法庭注意到，"当大火被扑灭后，我们在废墟中发现了一些手脚被铁链绑住的游击队员遗体……看来德军是故意让他们被活活烧死的。"

第二，为了震慑游击队或为了在盟军面前自保，德军会将平民劫持为人质，甚至将其杀害。在格拉讷河畔奥拉杜尔，643个平民就成为这一险恶手段的受害者，但这绝非个例。8月8日清晨，菲尼斯泰尔省克莱代市的居民被惊醒，他们以为美国人来了，纷纷走向窗边查看。但事实上，来的是向布雷斯特撤退的德国人。第一拨德军只造成了轻微伤害，但越来越多的士兵杀进了这座城市。"他们借口说遭到了游击队的抵抗，然后就开始纵火焚烧我们的庄稼、小麦和干草。他们还点燃了民房，炮轰诺盖卢村塞耶特的房子，他们在500米开外的民宅中绑架了5个平民……平民高举着双臂，被他们带出城外，然后在路中间排成一排，德国人开始对他们进行扫射……他们的头部、面部被击中，面目全非，惨不忍睹。"克莱代市市长后来向莫尔莱的地方长官说道。

最后一种情况下，德国人纯粹想通过虐杀平民来泄愤，以平息因失利而产生的怒火。美军在8月5日解放了维莱，德军却重新潜入了该镇，随意枪杀在道路上庆祝胜利的平民。这一系列暴力"狂欢"的诱因有很多，但从最根本上来说，更多源于德军上级的命令，他们决定卸下伪装面具。1944年2月3日，

一场盲目、激进的镇压活动

1944年6月6日—11月16日

德国人已败不旋踵，但他们的镇压活动更加激进化。1944年夏天，整个法国血流成河，纳粹德军的反人类行为使他们背上了更加深重的罪孽。

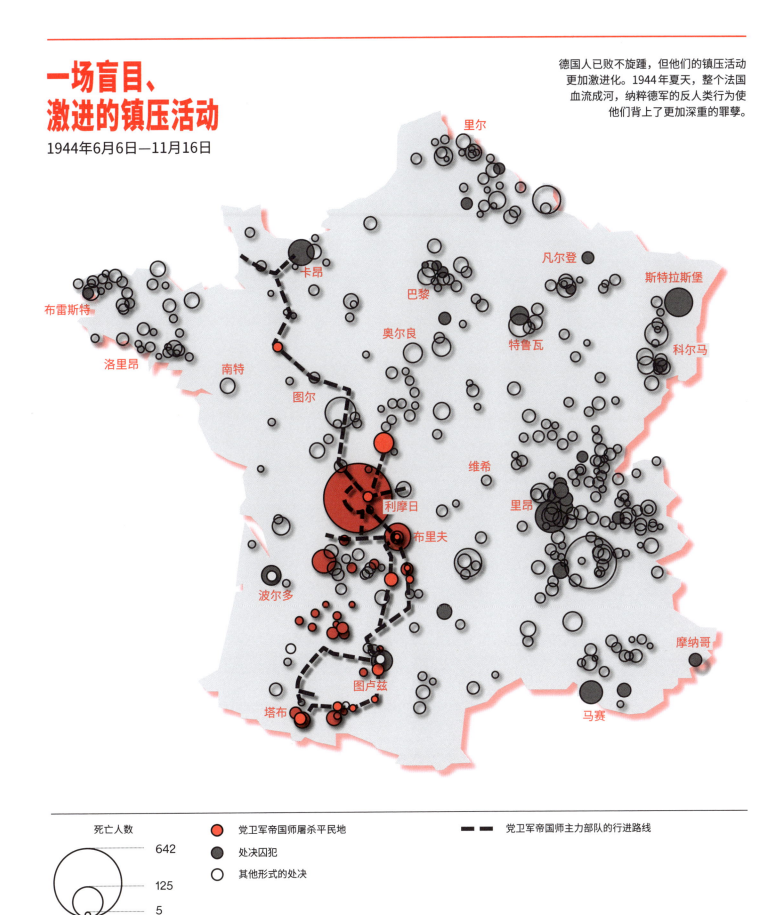

死亡人数

642
125
5

● 党卫军帝国师屠杀平民地

● 处决囚犯

○ 其他形式的处决

▬ ▬ 党卫军帝国师主力部队的行进路线

1944年6月10日，党卫军帝国师在格拉讷河畔奥拉杜尔杀害了643名平民，这一罪行即刻让全法国乃至全世界大为愤慨。1944年8月，美国士兵就这场大屠杀的规模进行调查。

驻扎在B区司令部的胡戈·施佩勒空军元帅就发布了一项极其残酷的命令：在法国和比利时全境，如果遭遇袭击，那么德国士兵可以不经上级批准立即做出反击，封锁交火区域，逮捕附近平民，直接烧毁敌方藏匿的房屋。3月4日，凯特尔元帅发布了一条补充指令：所有针对国防军的敌对行为都将被视作自由射手暴动，参与人员必须被立即击毙。最后在6月8日，西线总司令部要求采取最严厉的措施。"这些措施的目的在于恐吓那些长期以来被抵抗组织影响或渗透的平民，让他们知难而退，不再接纳抵抗组织，也不再听命于他们。先震慑一批人，再震慑所有法国的平民。"

这些严厉的指令更容易被执行，因为许多在西线作战的部队——比如党卫军帝国师——早先也曾在东线作战，他们在苏联前线已然进行过那些残忍的屠杀。而如今他们腹背受敌，情势岌岌可危，他们自然会更不留情面地将之前的那份残忍移植到法国战场。1944年6月6日—7月6日，约7 900名自由射手（或疑似自由射手）被杀害，其中一半以上（4 000人）被拉默丁将军（古德里安将军称他为"勇敢的男人"）手下的士兵所杀。不出意外，1944年是这场战争中最血腥的一年，全年遇害的平民数量占总数的42%。另外，1944年6月6日—11月底，21 600人被遣送至集中营，这意味着近三分之一的死难发生在"霸王行动"之后。此外，由德国人犯下的强奸案数量也在增加。他们这么做既是为了恐吓平民，也是为了羞辱受害者。据司法部部长弗朗索瓦·德·芒通估计，韦科尔山脉以南的克雷斯特周边地区有"数百名妇女"被强奸。

然而，诺曼底在这场血腥浩劫中幸存了下来。诚然，6月6日诺曼底登陆的消息一经传开，德国人就在卡昂监狱里屠杀了75～80名抵抗分子。1944年6月—8月，下诺曼底约有600人被德军野蛮杀害。同样，这些侵略者的犯罪行为不断增多。6月7日，他们在奥蒂村枪杀了28名男子，又在奥德里城堡杀害了26名战俘，其中绝大多数是加拿大人。在这份骇人的罪恶名单中，党卫军第12"希特勒青年团"装甲师赫然在列。这或许也证明了，即使稚嫩的新兵也不会有些许的心慈手软。

另一方面，许多其他地区，如阿尔卑斯、布列塔尼、西南部……所经受的苦难又远比诺曼底悲惨得多，因此出现了一个诡异的矛盾点：针对平民的暴行主要发生在双方没有正面交战（抵抗运动发动的游击战除外）的地区。德军将领十分清楚，野蛮的手段会把平民推向"恐怖分子"的怀抱，同时会阻碍增援部队的推进。镇压偏远地区是为了确保德军后方的安全，而在其他地区，他们则尽量避免将冲突升级为极端暴力——在巴黎这座"光之城"发生的事情就是很好的佐证。

1944年夏，德军在亲纳粹的法国民兵的配合下，对法国各地的抵抗分子和平民进行了屠杀（摄于1944年夏，地点不详）。

Citoyens de Tulle !

Quarante soldats allemands ont été assassinés de la façon la plus abominable par les bandes communistes. La population paisible a subi la terreur. Les autorités militaires ne désirent que l'ordre et la tranquillité. La population loyale de la ville le désire également. La façon affreuse et lâche avec laquelle les soldats allemands ont été tués, prouve que les éléments du communisme destructeur sont à l'œuvre. Il est fort regrettable qu'il y ait eu aussi des agents de police ou des gendarmes français qui, en abandonnant leur poste, n'ont pas suivi la consigne donnée et ont fait cause commune avec les communistes.

Pour les maquis et ceux qui les aident, il n'y a qu'une peine, le supplice de la pendaison. Ils ne connaissent pas le combat ouvert, ils n'ont pas le sentiment de l'honneur. **40** soldats allemands ont été assassinés par le maquis. **120** maquis ou leurs complices seront pendus. Leurs corps seront jetés dans le fleuve.

A l'avenir, pour chaque soldat allemand qui sera blessé, trois maquis seront pendus ; pour chaque soldat allemand qui sera assassiné, dix maquis ou un nombre égal de leurs complices seront pendus également.

J'exige la collaboration loyale de la population civile pour combattre efficacement l'ennemi commun, les bandes communistes.

Tulle, le 9 Juin 1944.

Le Général
commandant les Troupes allemandes.

巴黎起义

1944年8月25日

15：30
驻巴黎的纳粹德国军队
签投降书。

16：00
冯·肖尔蒂茨献降之后，
戴高乐进入巴黎，
前往蒙帕尔纳斯火车站。

17：00
戴高乐抵达位于
圣多米尼克街的战争部。
四年前，
他就是从这里离开的。

19：00
戴高乐前往警察局，
视察巴黎警务部门。

19：15
戴高乐在市政厅发表演讲。

返回圣多米尼克街。

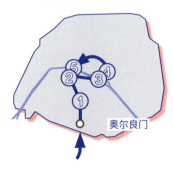

艾森豪威尔最初并没有考虑解放巴黎，因为他担心盟军会被卷入一场伤亡惨重、风险巨大的巷战。并且，为一个人口超过2 500 000的城市提供补给，也会产生问题。然而，8月中旬，法国共产党领导人发动起义，艾森豪威尔不得不修改他的作战计划。

8月18日，法国内地军领导人亨利·罗尔-唐吉开始动员，次日起义爆发。当时，法国内地军征召了20 000～25 000名新兵（但并非所有人都配有装备），还有20 000名执法人员（警察、宪兵和机动警卫）。德军则有20 000名士兵和大约50辆坦克。但他们不想战斗到拼尽最后一颗子弹，他们只想守住那些塞纳河上的桥梁，以保障从诺曼底回来的友军安全撤离。按照历史惯例，巴黎人修建了路障，积极地与敌人抗争。一些规模不大的队伍向德军开火，还有一些人则试图占领重要建筑——市政厅、参议院和巴黎大皇宫。

德军发起猛攻，起义者极有可能遭到屠杀。因此8月20日，罗尔-唐吉派遣他的参谋长加卢瓦上校请求盟军支援，但当时的后者仍举棋不定，于是戴高乐也加入了游说的行列。8月21日，戴高乐向艾森豪威尔寄去了一封信，催促他抓紧行动。艾森豪威尔信守了他对戴高乐做出的承诺，表示愿意出兵——1943年12月他曾在阿尔及尔向戴高乐保证：巴黎将由法国人解放。8月23日，刚登陆诺曼底的第2装甲师（由勒克莱尔将军率领）向巴黎挺进，第二天就将坦克部署在了巴黎市政广场上。8月25日，戴高乐返回巴黎，并在市政厅发表讲话："巴黎！被践踏的巴黎！被蹂躏的巴黎！但也是被解放的巴黎！在法国人民的努力下，在法国军队的帮助下，在整个法国、正在战斗的法国，只有那个法国，那个真正的法国，那个永恒的法国的支持和努力下，巴黎解放了！"同一天，勒克莱尔将军和罗尔-唐吉在蒙帕尔纳斯火车站收到了纳粹德国驻军司令迪特里希·冯·肖尔蒂茨递交的投降书。第二天，戴高乐沿着香榭丽舍大街迈起了凯旋的信步。"在这个只有一种思想、一种冲动、一种呼声的集体氛围里，差异都被抹去了，个体也不存在了。"

不过，这种狂热隐藏了某些不甘。首先共产党人很难掩盖他们的失望：他们希望在一个被自己独自解放的城市

巴黎的解放无疑离不开巴黎人民，他们在1944年8月19日便吹起了起义的号角。当然，法国和美国正规军在巴黎解放的过程中也扮演了至关重要的角色——巴黎人民没有忘记这一点，他们在协和广场上庆祝解放者的到来（上图和下图）。

解放巴黎

1944年8月19日—25日

虽说巴黎之战不像华沙之战那样锥心（波兰起义者们放下了武器，失去了家园），也不似柏林之战那般混乱（每一户人家、每一条街巷、每一个社区都卷入了激战），但仍旧有数不清的致命冲突发生在这里。这些冲突大多发生在纳粹德国占领者的总部或是部队驻地的周边，例如共和广场和卢森堡宫（德国空军）。

① 玛吉思缇酒店
   德军驻法国司令部

② 克里永酒店
   巴黎军事总督

③ 德军司令部

④ "大巴黎"指挥官冯·肖尔蒂茨驻扎的
   茉黎斯酒店

⑤ 军事学校

⑥ 卢森堡宫
   德国空军总司令部

⑦ 共和广场上的军营
   最后一个被攻陷的德军驻地

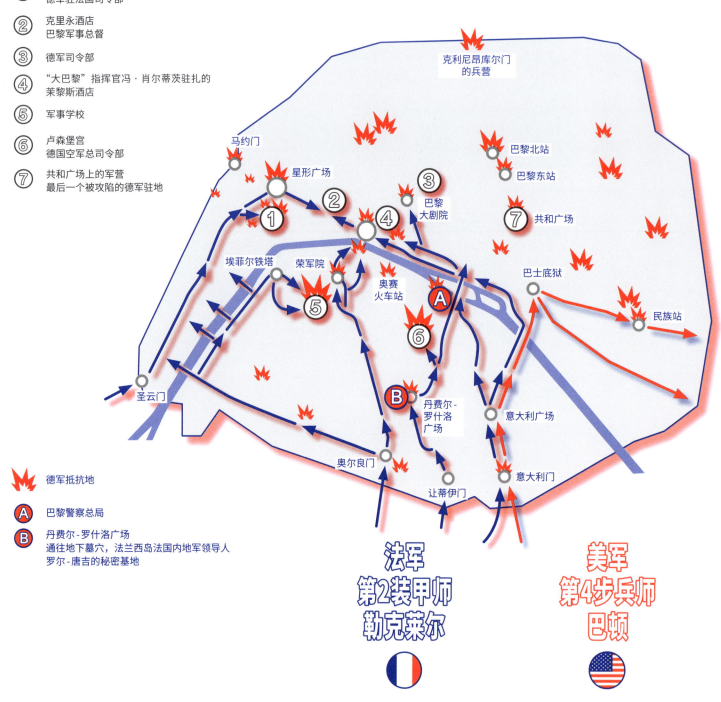

德军抵抗地

Ⓐ 巴黎警察总局

Ⓑ 丹费尔 - 罗什洛广场
   通往地下墓穴，法兰西岛法国内地军领导人
   罗尔 - 唐吉的秘密基地

克利尼昂库尔门
的兵营

巴黎北站

巴黎东站

共和广场

马约门

星形广场

巴黎
大剧院

巴士底狱

民族站

埃菲尔铁塔 荣军院

奥赛
火车站

Ⓐ

圣云门

Ⓑ

丹费尔 -
罗什洛
广场

意大利广场

奥尔良门

让蒂伊门

意大利门

法军
第2装甲师
勒克莱尔

美军
第4步兵师
巴顿

182

巴黎！
被践踏的巴黎！
被蹂躏的巴黎！
但也是被解放的巴黎！

里迎接这位"6月18日的英雄"（戴高乐）。但是，除了罗尔-唐吉被迫向盟军求援之外，共产党人并不能掌控起义，也不能很好地统率所有的起义者。他们也曾试图编队、让这些"有志之士"听从指挥，但没人遵从他们的军事指令。其次，巴黎人民不愿再回首共和二年那段遵守严苛军纪的时光。对他们而言，起义更像是一场庆典，而不是战役。起义者穿着拼拼凑凑的制服，似乎重新为狂欢节换上了服饰。男男女女也在用肉体表达着解放的喜悦。作家克劳德·罗伊评论："在阴影中，一条洁白的手臂搭在裸露的颈项之上，一条大腿像是鲤鱼一样在夜色中出现又消失，他们在任意的草坪上和所有国家的人交媾，当我说巴黎时，这是真正的巴黎吗？"最后，巴黎起义在真正意义上是一次解放，一次关于语言、肉体、精神和肚皮的解放，而这和共产党人希图强调的军事禁欲主义相去甚远。

但戴高乐政权同样也无法控制事态的发展。8月18日起，BBC开始保持沉默，不再向起义者发去明确的指示。戴高乐陷入了两难境地：如果他支持起义，那么共产党人的实力会得到加强，这意味着他默许公共服务（煤气、电力、交通等）陷入瘫痪，此举必将招致平民的愤慨和盟军的不满；如果他反对起义，那么在人们眼中，他就会成为一个只在乎秩序而不在乎自由的反动人士。他不想重蹈梯也尔的覆辙，因此他向勒克莱尔喊话："快点行动吧。我们无法承受再建立一个新的公社的风险。"这件事能很好地证明他的急迫：他甚至在首都解放后向艾森豪威尔"暂时借调两个师，用他的话说，这样就能展示自己的武力，巩固自己的地位……这

位'象征'着解放的代表人物居然不得不向盟军求援，以巩固自己在首都的地位，这未免有些讽刺"。盟国远征军最高统帅部的领导人说道。最终，善良的艾森豪威尔同意让美军的两个师在8月29日沿着香榭丽舍大街游行后再返回前线。

然而，巴黎这座"光之城"的解放过程堪称典范。不仅城市没有被摧毁，而且总体损失也较轻：第2装甲师损失76～130人，法国内地军损失900～1 000人，另外还有582名平民伤亡。全球都在庆祝这场具有非凡意义的伟大胜利。而巴黎的解放也与华沙起义的悲惨失败形成了鲜明的对比——历经63天战斗，波兰的起义者们在1944年10月2日缴械投降。在华沙起义中，16 000名战士殒命，150 000名平民伤亡，波兰首都也被夷为平地。当波兰的民族主义者正在为他们破灭的希望哀悼时，戴高乐正准备以解放者的身份步入巴黎。

胜利的时刻到了！在围观者的注视下，第2装甲师师长勒克莱尔将军和秘密情报部门负责人雅克·苏斯戴尔押解着战犯冯·肖尔蒂茨，群众脸上洋溢着欣喜。

1944年8月26日，数十万法国人聚集在一起，庆祝解放和歌颂戴高乐将军——自1940年6月18日以来，他便不断地在法国人民的心中播撒反抗的火种。

将军
第2装甲师
师长

菲利浦·
勒克莱尔·
德·奥特克洛克

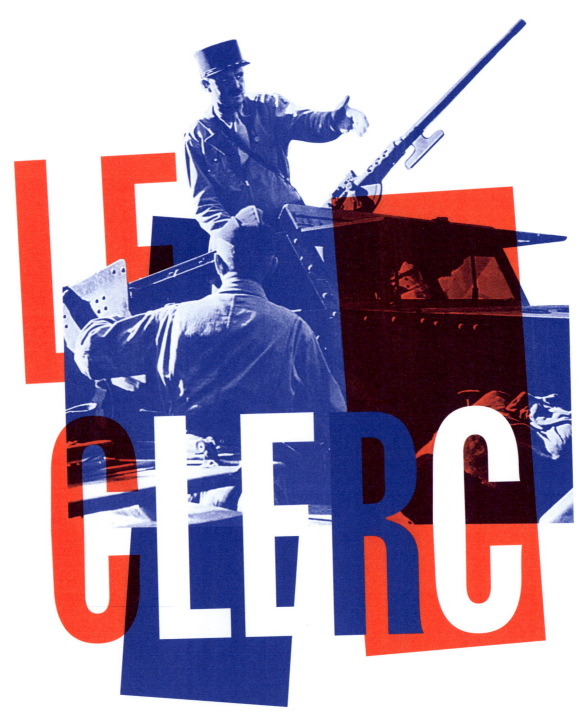

1902

1947

在诺曼底登陆战的代表人物中，菲利浦·勒克莱尔·德·奥特克洛克无疑占据了一个独特的位置。首先，他的经历就很特别。勒克莱尔以优异的成绩毕业于圣西尔军校，随后又进入索米尔骑兵学院进修。他在1940年两次出逃，并在同年的7月24日加入戴高乐的自由法国军队。随后，戴高乐派遣勒克莱尔前往法属赤道非洲集结力量，他在这一过程中交替使用计谋和武力，出色地完成了任务。他以乍得作为根据地，率领"纵队"（一支游击队）发起了一系列的突袭。其中最精彩的一次发生在

1941年2月28日，他成功攻占了库夫拉绿洲。尽管资源有限，但他仍势如破竹，于1942年2月至3月征服了利比亚的费赞地区，并且与蒙哥马利将军一同解放了突尼斯。

1943年12月，艾森豪威尔向戴高乐承诺将让法国部队解放巴黎，而这个艰巨的任务自然而然地落在了勒克莱尔的部队身上。因为美方通过沃尔特·史密斯将军传达了他们的要求：部队"由白人组成"。那时，勒克莱尔麾下即将成为第2装甲师的部队已经在摩洛哥集结和训练，之后他们会前往英国，在1944年8月1日登陆犹他海

滩。勒克莱尔将军率领第2装甲师参与了阿朗松地区的军事行动，并在后续解放巴黎的过程中声名大噪——艾森豪威尔同意抽调勒克莱尔前去执行这个任务。戴高乐将军回忆道："那个时候，我看到这个年轻却身经百战的将军，看着他的勇气在一次次的战斗中得到了极为珍贵的施展机会，我对他说：'你很幸运！'我也认为，在战争年代，将军的运气就是政府的荣誉。"事实上，勒克莱尔率领第2装甲师进入"光之城"的那一刻已然成了传奇：他和巴黎抵抗组织的领导人亨利·罗尔-唐吉一道，从冯·肖

尔蒂茨的手中接过了纳粹德国的降书。在库夫拉，勒克莱尔曾要求他的部下："直到我们的旗帜，我们美丽的旗帜在斯特拉斯堡大教堂上方飘扬的时候，才可以放下武器。"他信守了自己的承诺。1944年11月23日，他迈着昂扬的步伐，进入了斯特拉斯堡。

"直到我们的旗帜，我们美丽的旗帜在斯特拉斯堡大教堂上方飘扬的时候，才可以放下武器。"
——菲利浦·勒克莱尔·德·奥特克洛克，库夫拉，1941年3月2日

法国内地军："10%是真正优秀勇敢的战士，20% ~ 25%的人尚可参加战斗，剩下的人都是骗子和败类。"
——菲利浦·勒克莱尔·德·奥特克洛克，1944年8月

"（他动身的时候），第2装甲师费劲地穿过了两堵由高卢人围起的人墙，他的同胞用庆典和酒精不断地挽留着他们。"
——奥马尔·布莱德雷将军，《回忆录》，1951年

戴高乐：
从阴影步入光明

1940年6月18日

不论发生什么，法国的抵抗之火不应该也不会熄灭。

戴高乐在伦敦
BBC广播的演讲。

1941年12月7日，自美国参战以来，丘吉尔和罗斯福就一直将戴高乐排除在讨论之外。白宫的主人认为"6月18日的英雄"（戴高乐）是个"学徒独裁者"，不仅傲慢无礼，并且从民主的角度看来，还不正统。而唐宁街10号的主人虽然欣赏这位反抗者身上的浪漫主义做派，但鉴于其幻想反复无常、行事冲动，而且其军队能发挥的作用有限，他更倾向于和华盛顿保持"特殊的关系"，不愿为了追求戴高乐主义而拂逆美国。丘吉尔在1944年5月总结道："我们不能因为害怕冒犯戴高乐而与美国总统争吵。戴高乐虽然伟大，但一方面，他仍旧是英美两国发展和谐关系的最大阻碍；另一方面，他是代表着旧日法国的一个残影，一个幽灵。"因此理所当然地，戴高乐无缘参加北非的登陆行动。而"火炬行动"结束之后，他立刻失去了权力，英美把重责移交到了维希政权的二号人物——海军上将达尔朗——手中。1942年12月，达尔朗遇刺身亡，权力又落到了亨利·吉罗手里。

这位将军虽然满腔爱国主义热忱，但也有着难以掩藏的愚钝，一旦陷入超出能力范围的政治纷争，他便不得不做出让步。1943年5月，他召回了曾经的敌人戴高乐，并与其共同管理法兰西民族解放委员会——一个管理已被解放法国领土的临时政府机构。随后的发展并不令人意外：11月初，吉罗被赶下台，戴高乐一人独掌法兰西民族解放委员会。

从逻辑上来讲，法兰西民族解放委员会的领导人应该参与"霸王行动"的政治和军事准备工作。但丘吉尔和罗斯福不以为意，因为这意味着即便不从法律层面出发，他们也在事实上承认了这个临时政府的合法性，而这是两人都不愿看到的。尽管戴高乐多次示好，但英美两国还是一直将其拒之门外。随着时间的推移，它们的缄默变得有害无益——英美两国既无法合理地向法国内部的抵抗组织发布命令，也没有明确解放后的法国的政治地位。简而言之，它们的不作为可能会让法国陷入无政府状态。为了避免这个风险，罗斯福决定打

许多法国人都清楚6月18日的那个声音，却并不知道发声者的长相。因此对戴高乐将军来说，6月14日的回归是一次挑战。他从滨海库尔瑟勒踏上了法国的土地，随后便前往巴约发表演讲。台下的群众尽管表情很专注但也有所克制，大概是因为诺曼底人传统上都十分内敛。

破这种模棱两可的状态。1944年3月，他委托艾森豪威尔决定法国新政府的领袖团队。罗斯福像老好人本丢·彼拉多一样，一方面禁止艾森豪威尔与维希政权谈判，另一方面又不想让戴高乐党派独揽大权。与大众所想的恰恰相反，白宫其实并不希望强行为法国建立一个盟国军政府。占领区盟国军政府只适用于被占领的地区（战败国，如纳粹德国和意大利），不适用于被解放的土地（原本是民主国家的盟国，只不过在战争中不幸失守）。1944年6月，第3集团军

重申道："地方一级民政管理机构一般由法国人自己领导或控制。"另一方面，解放者希望对新政府保有监督权，这无疑会得罪戴高乐，后者对任何有可能损害到法国主权的行为都感到深恶痛绝。

令人难以置信的是，谈判直到1944年6月才开始。6月2日，丘吉尔突然恍过神来，邀请戴高乐前往英国。一番犹豫之后，戴高乐接受了邀请，他从阿尔及尔动身，并于两天后抵达了伦敦。一场狂风暴雨正在酝酿着。当丘吉尔要求他开始谈判时，戴高乐爆发了："怎么

应罗斯福总统的要求，戴高乐于1944年7月6日—10日访问美国。随后他延长了访问时间，并短暂地访问了加拿大，并于7月11日在渥太华国会山庄向人群发表了讲话。

1944年7月11日

现在
胜利的曙光
开始照耀
地平线,
在那些
为了捍卫
权利与自由
而团结起来的
人民的
内心深处,
我们看到了
他们对
更美好明天的
无限向往。

发表于加拿大
渥太华的演讲。

回事!从去年9月份以来,我们一直都在提议谈判,但你们从未回应。"一个有关财政的纠纷加剧了场面的僵持化。英美两国认为在解放地区流通"入侵法郎"是个好主意,但这等同于再次把法国的主权踩在脚下。戴高乐愤怒了,他激动地说道:"那就继续拿着你们的假钞去打仗吧。"随后戴高乐前往艾森豪威尔的总部,后者要求他宣读一份事先准备好的演说稿。这一次,最高统帅的措辞再次让他倒了胃口。艾森豪威尔要求当地居民"服从"他的"命令",并称"政府中的每个人都可以继续履行其职责,除非有其他指示"。简而言之,艾森豪威尔接管了这个国家,完全无视法兰西共和国临时政府(这是自6月初起法兰西民族解放委员会的新名字)。

戴高乐反应迅速。6月6日,他用自己的语言、在自己选择的时间(下午6点)发表了演讲。他宣布自己不会承认盟军的货币。更重要的是,他没有寄希望于高层的谈判,而是在6月14日访问诺曼底时,趁机埋下了一粒种子,一个初具雏形的"政府"——尤其是他指派了省长和副省长。负责民政事务的盟军军官看懂了这一策略:与戴高乐政权合作,迟早会促使他们的上级承认法兰西共和国临时政府。他们没有对这一行为加以干涉,"在没有收到伦敦的指示的前提下,(我们)认为最好的办法就是,承认戴高乐是鲁昂地区民政当局的代表,因为这似乎是一个法国人能够接受的结果。"

事实上,解放者与戴高乐之间的合作一直进行得相当顺利。戴高乐指派的官员为部队提供了他们所需要的一切(营房、电影院、铁道等)。国内局势相对稳定:在解放时,芒什省仅记录了1例处决案,卡尔瓦多斯省12例,奥恩省43例,而多尔多涅省记录了375例。承认法兰西共和国临时政府需要走一种形式,但最终结果的到来还是有些滞后了。1944年7月,罗斯福在美国会见了戴高乐,目的是平息公众舆论,因为民众对戴高乐的命运感到愤愤不平。当时罗斯福正处在竞选总统(第四次)的关键时刻,他担心触怒众人。戴高乐表现得极为友善,最终盟军在8月25日承认了法兰西共和国临时政府,而作为回报,后者同意授予盟军最高统帅开展行动所需的权力。最终,盟军在10月23日承认了戴高乐政府。戴高乐风光地赢下了早在1940年6月18日就设下的赌局。他在逆境之中成功恢复了国家的主权,也挽回了一部分的国家荣誉——这些荣誉先是在1940年因为战败而遭到践踏,后又因为维希政权的卖国求荣而消耗殆尽。

8月25日下午4点30分许，戴高乐抵达蒙帕尔纳斯火车站，并在此接过了刚由第2装甲师师长勒克莱尔将军和法兰西岛法国内地军负责人罗尔-唐吉共同签署的纳粹德国降书。

1944年8月，从香榭丽舍大街到市政厅，巴黎民众乐此不疲地歌颂着戴高乐将军。

夏尔·
戴高乐

1890   1970

对戴高乐而言，第二次世界大战是有特殊意义的。早在1939年之前，他就凭借高瞻远瞩的卓识声名鹊起——是他发现并强调了装甲部队的重要性。但从1940年起，这位战略家不再干涉军事事务，无论他面对的是盟军还是自由法国的军官（哪怕这些人是他的下属）。另一方面，他开始涉足政坛，在国际上维护法国的利益。他在1940年6月18日的讲话中直截了当地表明了自己的态度。用这位反叛者的话来说，法国必须以一个独立国家的身份来参与战争，按照这个逻辑，首先应该在伦敦建立一个国家，然后在阿尔及尔也建立一个国家。而这个"独立的法国"也必须为共同的战争做出贡献，这就意味着要募兵、组建军队。但最为迫切的是捍卫国家主权。而法国的这一需求在诺曼底登陆之际激化了法国与英美两国之间的关系。从好的方面来说，"霸王行动"奏响了法国解放的乐章；但在另一方面，这一行动也激起了法兰西共和国临时政府领导人的怒火。这并非无稽之谈，早在1943年9月，戴高乐就开始要求与英美两国进行谈判，以确定解放后法国的命运。罗斯福和丘吉尔充耳不闻。唯一的让步是，艾森豪威尔承诺将会派一支法国军队（第2装甲师）解放巴黎。这仅是一番十分有限的精神慰藉，直到登陆日前夕，一切都没有得到解决。

时间飞速溜走，丘吉尔最终在朴次茅斯约见了戴高乐。戴高乐大为光火："从去年9月份以来，我们一直都在提议谈判，但你们从未回应。"当知道远征兵将携带"入侵法郎"登陆时，他爆发了："那就继续拿着你们的假钞去打仗吧。"随后他与艾森豪威尔的谈判同样剑拔弩张，戴高乐拒绝朗读盟国远征军最高统帅部为他准备的演讲稿。为保全尊严，戴高乐决心奋起一搏，结局不算好也不算坏。他曾梦想着法国游击队能凭借自己的力量解放祖国，但他们在蒙穆谢和韦科尔的尝试付出了生命的代价。不过在政治方面，他的运气还不错。6月14日，他从滨海库尔瑟勒登陆，在解放区域安排了行政人员。最重要的是，1944年8月26日，他在全世界的见证下进行了阅兵，证明了自己是法国的正统领导人。盟军最终在1944年10月23日承认了法兰西共和国临时政府。可谓恰逢其时！

"从去年9月份以来，我们一直都在提议谈判，但你们从未回应。"
——夏尔·戴高乐，朴次茅斯，1944年6月4日

"那就继续拿着你们的假钞去打仗吧。"
——夏尔·戴高乐，朴次茅斯，1944年6月4日

"法国政府就在这里。在这个问题上，我无须请教美国人或是英国人。"
——夏尔·戴高乐，朴次茅斯，1944年6月4日

好坏参半的
胜利

尽管战术上的僵局持续了近两个月，但"霸王行动"还是取得了辉煌的战果。在成功发起有史以来规模最大的联合行动之后，盟军成功解放了巴黎，随后又解放了法国大部分地区。德军遭到了自诺曼底和普罗旺斯登陆的盟军的攻击，不得已后撤，不仅丢弃了大量装备，也损失了部分兵力，人员损失惨重。东线的情况更是不利。苏联红军于1944年6月22日发动了"巴格拉季昂行动"，成功击溃了德国中央集团军群，并以惊人的速度推进至维斯瓦河沿岸。第三帝国离彻底倾覆似乎只有几周时间了……然而，苏军和盟军却历经了近一年的艰苦战斗才取得胜利，最终叶戈罗夫和坎塔利亚中士将红旗插在了国会大厦前。

因为英美联军的战争机器远谈不上完美，夏季的成功很好地掩盖了他们的缺陷，而秋季的失败又将这些缺陷完全暴露了出来。首先是指挥官的问题，尽管那些美国将领（从布莱德雷到巴顿）都能勉强完成自己的任务，但蒙哥马利却一次又一次地犯错。首先他未能及时夺取卡昂，其次他未能成功封锁法莱斯并将敌人逼向末路。一方面，他的战略天赋有限；另一方面，他太过谨小慎微，在准备进攻时太过注重细节。后续的失败不断地凸显着他的这些缺点，例如荷兰"市场花园行动"（1944年9月17日—25日）以及夺取埃斯科河沿岸的延误。这一延误为加拿大部队带来了巨大的损失，也导致安特卫普港口无法在第一时间重新开放：9月4日，安特卫普被盟军夺回，但直到11月26日才有第一批船只到港。

为及时止损，艾森豪威尔卸下了这位英国将军肩上的责任，并在1944年7月21日决定从9月1日起亲手指挥由蒙哥马利率领的地面部队。虽然此次交接方案已经酝酿了很久，但它实在启动在了一个极其不恰当的时机。那时，布莱德雷恰巧升任第12集团军群指挥官，与竞争对手蒙哥马利成了平级。"从那一刻起，英美部队间的关系降至冰点，直到战争结束。"布莱德雷说道。而为了

向柏林前进！

1945年1月12日—4月16日

"巴格拉季昂行动"取得成功之后，斯大林的攻势更加猛烈。1944年10月初，他派遣军队向匈牙利和波罗的海推进。1945年1月，他开始对波兰发起猛攻。苏联的"压路机"一路碾向柏林。1945年2月2日，红军前进至奥得河，而此处距第三帝国的首都仅有65千米。

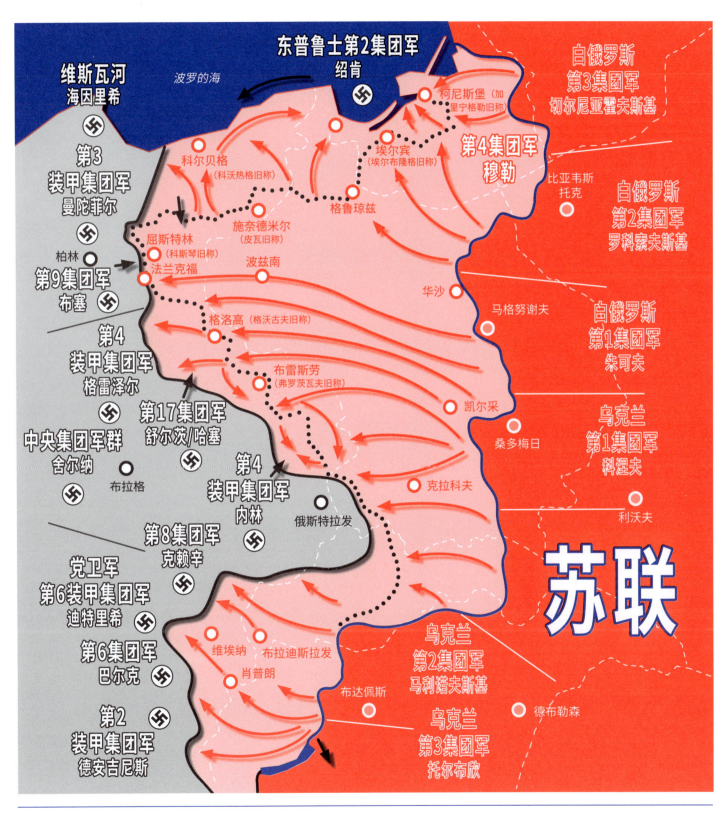

维斯瓦河
海因里希

第3
装甲集团军
曼陀菲尔

第9集团军
布塞

第4
装甲集团军
格雷泽尔

中央集团军群
舍尔纳

第17集团军
舒尔茨/哈塞

第4
装甲集团军
内林

第8集团军
克赖辛

党卫军
第6装甲集团军
迪特里希

第6集团军
巴尔克

第2
装甲集团军
德安吉尼斯

东普鲁士第2集团军
绍肯

波罗的海

科尔贝格
（科沃热格旧称）

埃尔宾
（埃尔布隆格旧称）

柯尼斯堡（加里宁格勒旧称）

第4集团军
穆勒

格鲁琼兹

屈斯特林
（科斯琴旧称）

施奈德米尔
（皮瓦旧称）

法兰克福

波兹南

柏林

格洛高（格沃古夫旧称）

布雷斯劳
（弗罗茨瓦夫旧称）

布拉格

俄斯特拉发

维埃纳   布拉迪斯拉发

肖普朗

布达佩斯

比亚韦斯托克

白俄罗斯
第3集团军
切尔尼亚霍夫斯基

白俄罗斯
第2集团军
罗科索夫斯基

华沙

马格努谢夫

白俄罗斯
第1集团军
朱可夫

凯尔采

桑多梅日

克拉科夫

乌克兰
第1集团军
科涅夫

利沃夫

苏联

乌克兰
第2集团军
马利诺夫斯基

德布勒森

乌克兰
第3集团军
托尔布欣

—— 1945年1月12日的前线   ••• 1945年2月4日的前线   —— 1945年4月16日的前线

197

对士兵来说，孚日山战役是一场噩梦。他们不仅要直面顽强抵抗的德军，还要忍受恶劣的天气。几乎没有人能逃脱被冻伤的命运。

法国人为阿尔萨斯的解放做出了卓越的贡献。不过，勒克莱尔于1944年11月23日就进入了斯特拉斯堡，但直到次年2月2日才攻占科尔马。

安慰蒙哥马利，国王于9月1日授予他元帅军衔，但此时蒙哥马利的声誉已经被严重损害了。与此同时，艾森豪威尔必须更加圆滑谨慎，他不能让那位阿拉曼战役的胜利者下不来台，因此他不得不站在外交而不是军事的角度来规划他的战略。因此，他选择将麾下的部队向两个方向派遣，没有将完整的力量交到蒙哥马利手中。而第3集团军指挥官巴顿将军绝不会甘心屈居人下，因此艾森豪威尔又不得不在后勤供应紧张的情况下挥霍手中的资源。

诺曼底战役已经暴露出了部队补给方面的严重不足。然而，这一事态不仅没有得到缓解，反而愈演愈烈。事实上，自突破阿夫朗什起，盟军便开始了快速推进，增加了燃油和弹药的消耗。截至登陆第98天（1944年9月12日），各个部队已经推进至原定登陆第350天才能到达的战线。到了8月底，美军仅剩0.31天的燃料储备。除此之外，第12集团军群还缺少432辆中型坦克。问题既不在于上游的供应不足，也不在于下游的过度需求，而在于供给线路被拉长了。8月31日，美军战线绵延200千米；但到了9月份，战线已经拉长到了560千米。结果，90%～95%的物资仍旧滞留在海滩上。为了解开这个死结，后勤专家试图在圣洛至沙特尔之间两条并行的公路上架设单行通道，但直到8月25日这条公路才驶来第一批车队。与此同时，盟军也修建了一条输油管道，但直到8月底，这条管道才勉强到达阿朗松。并且管道本身也存在诸多缺陷，因为很多工人都是临时招募的、缺乏经验，其中甚至还包括1 500名战俘。

最后，也许最为重要的是，胜利蒙蔽了战略家们的双眼，让他们失去了洞察力。一方面，每个人都患上了"胜利综合征"，他们相信第三帝国正在像纸牌屋一般倒塌。例如，艾森豪威尔就曾向媒体宣称，他将像"切黄油一般"进入纳粹德国。他还在1944年9月15日致蒙哥马利的一封信中写道："我们很快就能控制鲁尔、萨尔和法兰克福。"另一方面，将领们开始犹豫要采取何种战略。"霸王行动"能够成功，是因为目标简单——夺取鲁尔，打垮纳粹德国。同时登陆也解决了其他问题：取得胜利；让斯大林留在大同盟中，如果他需要的话，就穷尽所有手段，为他开辟第二战场。随着胜利的临近，清晰的目标变得模糊起来。艾森豪威尔主张按原计划进行，其他人（如蒙哥马利）则主张更加强硬地面对苏联，建议与苏联竞争夺取柏林，从而限制红军在东欧的扩张。换句话说，1944年6月6日之前非常明确的战斗目标如今变得模糊不清，这不仅影响了盟军之间的团结，也阻碍了部队的顺利推进。因此，"霸王行动"本身就是一个悖论：在筹备的时候，它为各国外交官和军事领导人提供了一个统一的目标，但胜利带来了分歧、加速了分裂，以至于到了最后，目标变得模糊起来：究竟是要击溃纳粹德国，还是要阻遏斯大林的野心？

1944年12月16日，希特勒在阿登发起进攻，妄图夺取安特卫普。尽管美军遭到了奇袭，但他们还是成功阻遏了德军的攻势，并趁势组织反攻。比利时乌法利兹陷入激战。照片中这辆隶属第116装甲师的豹式坦克诉说着当时激烈的战况，后经修复，如今这辆坦克矗立在该镇的圣派尔广场上。

亚琛是盟军占领的第一个德国城市。尽管有数千名德国士兵被俘虏，但这场战斗还是异常的艰辛和漫长。霍奇斯将军花了近6周的时间才从负隅顽抗的德军手中夺下这座城市。这场战斗证明，在后续的战役中，德军将不惜一切代价保卫他们的国家。

后世之说

战斗人员折损

苏联

8 800 000 ~ 11 700 000

纳粹德国

5 560 000

美国

416 000

英国

384 000

法国

217 000

毫无疑问，诺曼底登陆是一项非凡且伟大的事业。英美盟军投入了大量的远征军、发动了极其复杂的联合行动、运用了当时最精尖的军事科技，以相对较轻的伤亡，换来了一项超乎想象的成就。当然，盟军无法仅凭单一因素取得胜利。运输计划收效一般，空军和海军的炮火也只不过是在大西洋壁垒上擦出了几道裂痕。人工港口的出现满足了深水港的需求，但一场暴风雨摧毁了后勤人员对"桑葚"寄予的厚望。盟军的航空兵部队能够掌握制空权，但由于外交环境恶劣，这一优势并没有得到最大程度的发挥。盟国远征军最高统帅部，特别是艾森豪威尔做出的所有努力，无论是从精神准备还是物质准备层面，都是在确保"霸王行动"的每个环节毫无遗漏。虽然行动途中充满了意外，甚至有时候会偏离最初的计划，但领导者无不灵活地动用可利用的资源、运用自己非凡的智慧，直面命运的考验。

"凯撒的物归凯撒"的同时，我们也必须公正地评价此次行动。除却上文已经提到的一些失败、错误和其他"先天缺陷"，我们必须强调，"霸王行动"根本称不上一些战略家所认为的"决定

性行动"。单一的登陆行动并没有创造什么不可思议的、让德军覆灭的军事奇迹，就如同解放巴黎也没能使纳粹德国直接崩溃一样。事实上，纳粹最终于1945年5月8日投降，其主要原因是苏联红军攻势猛烈。让我们再次强调这个往往容易被忽略的事实：在第二次世界大战期间，530万德军中，400万都在东线阵亡。因此，当谈及英美两国对战胜希特勒所做出的贡献时，我们应当对"权重"保持一种分寸感。

然而……在人们的心目中，诺曼底登陆行动占据了一个极其重要的位置。这与其在二战中的权重并不相称，人们往往过誉登陆行动的军事影响力。而这样显赫的地位，在很大程度上是人们刻意为之。

冷战时期，西方国家确实夸大了"霸王行动"的意义。伦敦和华盛顿想向全世界，尤其是向莫斯科昭示英美两国皆为胜利付出了巨大的代价，它们在西线取得的胜利，也是一场可比拟苏联在斯大林格勒所取得的、用惨烈的牺牲换来的胜利。苏联开始衰落，并在1991年解体，随之而来的是世界格局的重新洗牌。法国总统弗朗索瓦·密特

矗立在滨海科勒维尔美军公墓中的9 387块墓碑时刻提醒着我们：登陆战不是一篇浪漫的史诗。盟军面前的敌人可怕而顽强，他们以血的代价换来了最终的胜利。

登陆与诺曼底
战役小结

1944年6月6日—8月25日

尽管诺曼底登陆造成的伤亡数量要低于战略家们的预估，但随后的诺曼底战役却异常惨烈。这并不夸张，盟军在西线的伤亡极为惨重，但仍旧无法比拟苏联红军和德国国防军在东线蒙受的损失，更不可与亚洲战场（尤其是冲绳的大规模屠杀）的惨重损失相提并论。

 士兵 ✝ **35 000** **105 000** **185 000**
死亡　　　　受伤　　　　被俘

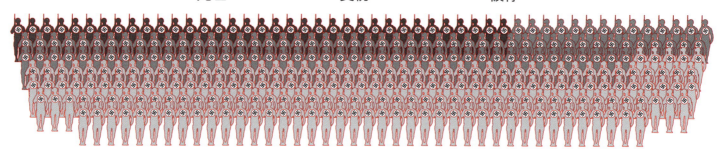

 士兵 ✝ **17 000** **62 000** **5 000**
死亡　　　　受伤　　　　被俘

 士兵 ✝ **26 000** **91 000** **8 000**
死亡　　　　受伤　　　　被俘

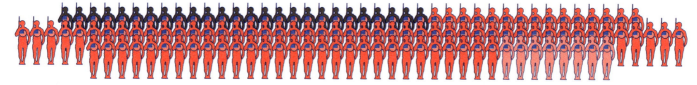

 平民 ✝ **15 000** ✝ **20 000**
死于轰炸　　　　　　死于战斗

总计 ✝ **78 000** **258 000** **198 000** **35 000**
死亡　　　受伤　　　被俘　　　平民死亡

西线损失的装备

1500

2100

1211

620

1187

661

总计

3 898
坦克被毁

3 381
飞机被毁

朗大胆地构想：曾经的诺曼底登陆是一场有决定性意义的胜利战役，但从1984年开始，它被视作欧洲一体化进程的里程碑，是人类通往和平的关键一步。这样一来，关于诺曼底登陆的纪念活动将会发生巨大的变化。从此登陆日纪念活动不再是英美两国的特权，而将由法国主导，这是前所未有的。例如1964年，戴高乐拒绝前往诺曼底海滩参加纪念活动，因为他认为"霸王行动"是英美两国的行动。在这种情况下，政治人物取代军人充当主持人，活动对参与者也不再加以限制——除了盟军，德国人、苏联人也会被邀请前来参与这个影响力日渐扩大的活动，媒体会争相报道活动的盛况——这种做法完全来自人们的臆想。艾森豪威尔从未想过为让·莫内铺设"全球市场"的发展之路，他只想彻底击败德国国防军。但世人们更愿意接受那神话般的美好构想。真正令人惊讶的不是政治领导人提出了这样的观点，而是人们普遍接受了这样的观点。无论在当时还是在现在，6月6日登陆军的英勇事迹都令人深深着迷，这一现象在世界范围内普遍存在。相反，那些更加有决定性的战役，却无法激起人们太多的兴趣。

例如，成千上万的人不会屏住呼吸、紧张地在脑海中重新演绎库尔斯克战役或日本人于1944年在中国发起的"一号作战"（豫湘桂会战）。从根源上来讲，"霸王行动"的展开本身就有一种戏剧张力。就像那些隐约透露着幸福结局的冒险电影。登陆行动紧张刺激，充满了不可预知性。6月5日的暴风雨过后是否会风平浪静、德军能否破译登陆日的秘密、"嘉宝"的谎言能否成功误导希特勒、希特勒是否会将隆美尔急需的装甲师调往诺曼底……这些都无法保证。除了扣人心弦的情节，"霸王行动"这个"剧本"还勾勒出了不少个性鲜明的形象（从巴顿到隆美尔，再到蒙哥马利），当然还有一些来自双方阵营的无名英雄。这些元素让"霸王行动"拥有了其他军事行动——无论是"火炬行动"还是"龙骑兵行动"——所缺乏的刺激感。戏剧化的场景难免让人热血沸腾，更不用说还有诸如《最长的一天》《拯救大兵瑞恩》一类的好莱坞电影为这场行动蒙上一层耀眼的光环。而这样的待遇，无论是萨莱诺登陆还是安齐奥登陆都享受不到。

这些精彩绝伦的戏剧保证了"霸王行动"的光芒不会黯淡下去，但也扭曲了历史学家努力描述的现实。我们可以假设：在严肃的历史细节和绚烂多彩的戏剧之间，观众们总会选择更加梦幻的描述——哪怕对经历过历史的人而言，那是一场残酷的噩梦。无论如何，我们可以肯定，尽管此中情节会被扭曲，但这个难忘的日子决不会被世人遗忘。

在诺曼底阵亡的21 222名德国士兵长眠于拉康布公墓。这里见证了德军在诺曼底战役中所付出的代价：这些勇敢的士兵用生命去守护注定失守的城池。

参考资料

前言

- Stephen E. Ambrose, *D-Day. June 6, 1944. The Climactic Battle of World War II*, New York, Simon and Schuster, 1995 (1re éd. 1994).
- Simon Ball, *The Bitter Sea. The Struggle for Mastery in the Mediterranean, 1935-1949*, Londres, Harper Press, 2009.
- Olivier Wieviorka, *Histoire du débarquement en Normandie. Des origines à la libération de Paris (1941-1944)*, Paris, éd. Points, 2017.

01
不眠之夜

1943年的情势：
战略僵局？

- Phillips Payson O'Brien, *How the War Was Won*, Cambridge, Cambridge University Press, 2015.
- Olivier Wieviorka, *Histoire totale de la Seconde Guerre mondiale*, Paris, Perrin, 2023.

地中海的泥沼

- Alan Dantchev, « Great Britain : The Indirect Strategy », dans David Reynolds, Warren F. Kimball et Alexander Chubarian (dir.), *Allies at War. The Soviet, American and British Experience. 1939-1945*, New York, St Martin's Press, 1994.
- Carlo d'Este, *Churchill, seigneur de guerre*, Paris, Perrin, 2010 (éd. am. 2008).
- Lionel Frederic Ellis, *Victory in the West*, vol. 1, *The Battle of Normandy*, Londres, H. M. Stationery Office, 1962.
- Trumbull Higgins, *Winston Churchill and the Second Front*, New York, Oxford University Press, 1957.
- Maurice Matloff, *Strategic Planning for Coalition Warfare. 1943-1944*, Washington, US Government Printing Office, 1959.
- Robert E Sherwood, *Le Mémorial de Roosevelt d'après les papiers de Harry Hopkins*, t. II, *Roosevelt chef de guerre. De Pearl Harbour à sa mort*, Paris, Plon, 1959 (éd. am. 1948).

苏联的需求

- Winston Churchill, *La Deuxième Guerre mondiale*, t. X, *L'étau se resserre. De Téhéran à Rome*, Lausanne, Rencontre, 1965.
- John R. Deane, *L'Étrange Alliance*, Paris, Stock, 1947 (éd. am. 1947).
- Mark Harrison, *Accounting for War. Soviet Production, Employment and the Defence Burden. 1940-1945*, Cambridge, Cambridge University Press, 1996.
- Andrew Roberts, *Churchill*, Paris, Perrin, 2020 (éd. angl. 2018).
- Mark A. Stoler, *The Politics of the Second Front. American Military Planning and Diplomacy in Coalition Warfare. 1941-1943*, Wesport-Londres, Greenwood Press, 1977.

经济动员

- Maurice Matloff, *Strategic Planning...*, op. cit.
- William O'Neill, *A Democracy at War. America's Fight at Home and Abroad in World War II*, Cambridge (Mass.), Harvard University Press, 1993.
- Elliott Roosevelt, *Mon père m'a dit...*, Paris, Flammarion, 1947 (éd. am. 1946).
- Roland G. Ruppenthal, *Logistical Support of the Armies*, vol. I, *May 1941-September 1944*, Washington, US Government Printing Office, 1953.
- Chester Wilmot, *La Lutte pour l'Europe*, Paris, Fayard, 1953 (éd. angl. 1952).

计划

- Dwight D. Eisenhower, *Croisade en Europe. Mémoires sur la Deuxième Guerre mondiale*, Paris, Robert Laffont, 1949 (éd. am. 1948).
- Gordon A. Harrison, *Cross-Channel Attack*, Washington, US Government Printing Office, 1951.
- Maréchal Montgomery, *Mémoires*, Paris, Plon, 1958 (éd. angl. 1958).
- Frederick Morgan, *Overture to Overlord*, Londres, Hodder and Stoughton Limited, 1950.

指挥官

- Lord Alanbrooke, *War Diaries*, Londres, Phoenix Press, 2002 (1re éd. 1957).
- Stephen E. Ambrose, *The Supreme Commander. The War Years of Dwight D. Eisenhower*, Jackson, University Press of Mississippi, 1999 (1re éd. 1970).
- Maurice Matloff, *Strategic Planning...*, op. cit.
- Frederick Morgan, *Overture to Overlord*, op. cit.
- Forrest Pogue, *The Supreme Command*, Washington, US Government Printing Office, 1954.

以战斗之名？

- Lord Alanbrooke, *War Diaries*, op. cit.
- Paul Fussell, *À la guerre. Psychologie et comportements pendant la Seconde Guerre mondiale*, Paris, Seuil, 1992 (éd. am. 1989).

训练

- Michael D. Doubler, *Closing with the Enemy. How GI's Fought the War in Europe*, Lawrence, University Press of Kansas, 1994.
- Paul Fussell, *À la guerre...*, op. cit.
- Ralph Ingersoll, *Ultra Secret*, Paris, La Jeune Parque, 1947 (éd. am. 1946).
- Olivier Wieviorka, *Histoire totale de la Seconde Guerre mondiale, op. cit.*

轰炸

- Gordon A. Harrison, *Cross-Channel Attack, op. cit.*
- Richard Overy, *Sous les bombes. Nouvelle histoire de la guerre aérienne. 1939-1945*, Paris, Flammarion, 2014 (éd. angl. 2013).
- Forrest Pogue, *The Supreme Command, op. cit.*
- Lord Tedder, *With Prejudice. The War Memoirs of Marshal of the Royal Air Force*, Londres, Cassel, 1966.

坚忍行动

- Christian Destremau, *Opération Garbo. Le dernier secret du jour J*, Paris, Perrin, 2004.
- Roger Hesketh, *Fortitude. The D-Day Deception Campaign*, New York, The Overlook Press, 2000.
- Harry Hinsley, Edwards E. Simkins et Anthony Ransom, *British Intelligence in the Second World War*, vol. 3, *Its Influence on Strategy and Operations*, Londres, H. M. Stationery Office, 1988.
- Michael Howard, *British Intelligence in the Second World War*, vol. 5, *Strategic Deception*, Londres, H. M. Stationery Office, 1990.

第三帝国陷入僵局？

- Joseph Goebbels, *Journal. 1943-1945*, Paris, Tallandier, 2005.
- Jean-Luc Leleu, *Combattre en dictature. 1944 – La Wehrmacht face au débarquement*, Paris, Perrin, 2022.
- Erwin Rommel, *La Guerre sans haine*, t. II, *Les Années de défaite*, Paris, Amiot-Dumont, 1953 (éd. am. 1953).

纳粹德国的防线

- Joseph Goebbels, *Journal. 1943-1945, op. cit.*
- Max Hastings, *Overlord. D-Day and the Battle for Normandy. 1944*, Londres, Michael Joseph, 1984.
- Jean-Luc Leleu, *Combattre en dictature..., op. cit.*
- Benoît Lemay, *Erwin Rommel*, Paris, Perrin, 2009.
- Erwin Rommel, *La Guerre sans haine..., op. cit.*
- Hans Speidel, *Invasion 44*, Paris, J'ai lu, 1964, (éd. all. 1949).

02
他们来了！

登船
- Dwight D. Eisenhower, *Croisade en Europe...*, *op. cit.*
- Lionel Frederic Ellis, *Victory in the West...*, *op. cit.*
- Paul Fussell, *À la guerre...*, *op. cit.*
- Max Hastings, *Overlord...*, *op. cit.*
- Ralph Ingersoll, *Ultra Secret...*, *op. cit.*

登陆
- Stephen E. Ambrose, *D-Day...*, *op. cit.*
- Lionel Frederic Ellis, *Victory in the West...*, *op. cit.*
- Max Hastings, *Overlord...*, *op. cit.*
- Roland G. Ruppenthal, *Logistical Support of the Armies...*, *op. cit.*

血腥奥马哈
- Omar Bradley, *Histoire d'un soldat*, Paris, Gallimard, 1952 (éd. am. 1951).
- Paul Fussell, *À la guerre...*, *op. cit.*
- Max Hastings, *Overlord...*, *op. cit.*
- Christophe Prime, *Omaha Beach. 6 juin 1944*, Paris, Tallandier, 2011.

扩大战果
- Carlo d'Este, *Histoire du débarquement. Janvier-juillet 1944*, Paris, Perrin, 2013 (éd. am. 1983).
- Jean-Luc Leleu, *Combattre en dictature...*, *op. cit.*
- Bernard Montgomery, *Mémoires*, Paris, Nouveau Monde, 2014 (éd. angl. 1958).
- Erwin Rommel, *La Guerre sans haine...*, *op. cit.*
- Hans Speidel, *Invasion 44*, *op. cit.*

纳粹德国的抵抗
- Jean-Luc Leleu, *Combattre en dictature...*, *op. cit.*
- Jean-Luc Leleu, *La Waffen-SS. Soldats politiques en guerre*, Paris, Perrin, 2007.
- Kurt Meyer, *Soldats du Reich*, Saint-Martin-des-Entrées, Heimdal, 1996 (éd. all. 1957).
- Erwin Rommel, *La Guerre sans haine...*, *op. cit.*
- Laurent Schang, *Von Rundstedt. Le maréchal oublié*, Paris, Perrin, 2020.

后勤
- Maurice Matloff, *Strategic Planning...*, *op. cit.*
- Roland G. Ruppenthal, *Logistical Support of the Armies...*, *op. cit.*
- Olivier Wieviorka, *Histoire du débarquement en Normandie...*, *op. cit.*

战斗
- Terry Copp et Bill MacAndrew, *Battle Exhaustion. Soldiers and Psychiatrists in the Canadian Army. 1939-1945*, Montréal et Kingston, McGill-Queen's University Press, 1990.
- Louis Croq, *Les Traumatismes psychiques de guerre*, Paris, Odile Jacob, 1999.
- Michael D. Doubler, *Closing with the Enemy...*, *op. cit.*
- Jean-Luc Leleu, *Combattre en dictature...*, *op. cit.*
- Basil Liddell Hart, *The Other Side of the Hill*, Pan Books, 1970 (1re éd. 1948).
- Laurent Schang, *Von Rundsted*, *op. cit.*
- Général von Choltitz, *Mémoires*, Paris, Perrin, 2020 (éd. allde 1951).
- Olivier Wieviorka, *Histoire du débarquement en Normandie...*, *op. cit.*

03
突破

眼镜蛇
- Martin Blumenson, *La Libération. L'histoire officielle américaine*, Condé-sur-Noireau, Charles Corlet, 1993 (éd. am. 1961).
- Omar Bradley, *Histoire d'un soldat*, *op. cit.*
- Michael D. Doubler, *Closing with the Enemy...*, *op. cit.*

解放！
- Martin Blumenson, *La Libération...*, *op. cit.*
- Max Hastings, *Overlord...*, *op. cit.*
- Claire Miot, *La Première Armée française. De la Provence à l'Allemagne. 1944-1945*, Paris, Perrin, 2021.
- Russell F. Weigley, *Eisenhower's Lieutenants. The Campaign of France and Germany. 1944-1945*, Bloomington, Indiana University Press, 1981.

炮火下的诺曼底
- Michel Boivin, Gérard Bourdin, Jean Quellien, *Villes normandes sous les bombes (juin 1944)*, Caen, Presses Universitaires de Caen/Mémorial, 1994.
- Bernard Garnier, Jean-Luc Leleu, Françoise Passera, *Les Populations civiles face au débarquement et à la bataille de Normandie*, Caen, Mémorial de Caen, 2005.
- Danièle Voldman, « La destruction de Caen en 1944 », *Vingtième Siècle. Revue d'histoire* n° 39, juillet-septembre 1993.

整合的抵抗组织
- Martin Blumenson, *Patton*, Rennes, éditions Ouest-France, 1993 (éd. am. 1985).
- Jean-Louis Crémieux-Brilhac, *La France libre*, t. 2, Paris, Gallimard, 2013 (1re éd. 1996).
- Yannis Kadari, *Patton*, Paris, Perrin, 2011.
- Olivier Wieviorka, *Histoire de la Résistance. 1940-1945*, Paris, Perrin, coll. Tempus, 2018 (1re éd. 2013).

受难中的法国
- Luc Capdevila, *Les Bretons au lendemain de l'Occupation. Imaginaire et comportement d'une sortie de guerre*, Rennes, Presses universitaires de Rennes, 1999.
- Jean-Luc Leleu, *Combattre en dictature...*, *op. cit.*

巴黎起义
- Charles de Gaulle, *Mémoires de guerre*, t. 2, *L'Appel*, Paris, Presses Pocket, 1980 (1re éd. 1956).
- John Keegan, *Six Armies in Normandy. From D-Day to the Liberation of Paris*, Londres, Penguin Books, 1994 (1re éd. 1982).
- Christine Levisse-Touzé (dir.), *Paris 1944. Les enjeux de la libération*, Paris, Albin Michel, 1994.

戴高乐：
从阴影步入光明
- Julian Jackson, *De Gaulle. Une certaine idée de la France*, Paris, Seuil, 2019 (éd. angl. 2018).
- Olivier Wieviorka, *Histoire du débarquement en Normandie...*, *op. cit.*

好坏参半的胜利
- Omar Bradley, *Histoire d'un soldat*, *op. cit.*
- Dwight D. Eisenhower, *Croisade en Europe...*, *op. cit.*
- Maréchal Montgomery, *Mémoires...*, *op. cit.*
- Roland G. Ruppenthal, *Logistical Support of the Armies...*, *op. cit.*

图片来源

原书说明:

尽管我们尽了最大的努力，但仍未能联系到本书中所载个别图片的作者或所有者。请随时联系出版商。

图像研究: Marie-Anne Méhay
照相制版: Chromostyle

译名对照表

说明：仅列举人名、专有名词及常见译法较少的地名。

阿道夫·希特勒 Adolf Hitler

阿尔贝特·凯塞林 Albert Kesselring

阿尔汉格尔斯克 Arkhangelsk

阿罗芒什 Arromanches

阿瑟·特拉弗斯·哈里斯 Arthur Trayes Harris

埃贝克勒翁 Hébécrevon

埃尔温·隆美尔 Erwin Rommel

埃里希·冯·曼施泰因 Erich von Manstein

埃普索姆行动 Operation Epsom

艾伦·G. 柯克 Alan G. Kirk

艾伦·布鲁克 Alan Brooke

艾森豪威尔 Eisenhower

安德鲁·索恩 Andrew Thorne

安东尼·比弗 Antony Beevor

安东尼·乔亚 Anthony Gioia

奥德里 Audrieu

奥蒂 Authie

奥克角 Pointe du Hoc

奥马尔·布莱德雷 Omar Bradley

巴尔克 Balck

巴兹尔·利德尔·哈特 Basil Liddell Hart

百夫长号 Centurion

拜尔莱因 Bayerlein

保罗·弗塞尔 Paul Fussel

保罗·豪塞尔 Paul Hausser

北滨海省（阿摩尔滨海省的旧称）Côtes-du-Nord

贝尔韦拉格 Bervelag

贝弗里奇报告 rapport Beveridge

贝雅特丽齐 Beatrice

本丢·彼拉多 Ponce Pilate

邦角 Cap Bon

波莱罗行动 Operation Bolero

波姆里特若迪 Pommerit-Jaudy

伯纳德·劳·蒙哥马利 Bernard Law Montgomery

伯尼 Bernoy

伯特伦·拉姆齐 Bertram Ramsay

布尔特 Bult

布拉斯街 rue de Bras

布鲁克 Brooke

布鲁门特里特 Blumentritt

布塞 Busse

查尔斯·科利特 Charles H. Corlett

超级机密 Ultra

春天行动 Operation Spring

达尔朗 Darlan

达斯科·波波夫 Du ko Popov

大锤行动 Operation Sledgehammer

大红一师 Big Red One

大卫·弗雷泽 David Fraser

丹费尔-罗什洛广场 Place Denfert-Rochereau

道格拉斯 Douglas

德·拉特尔 de Lattre

德·普里 de Pury

德韦西 Devecey

登陆日（D日）D-Day（Jour-J）

登陆时（H时）H-Hour（Heure-H）

迪特里希·冯·肖尔蒂茨 Dietrich von Choltitz

多诺万 Donovan

恩斯特·荣格尔 Ernst Jünger

法比乌斯一号至六号 Fabius I-VI

法国内地军 FFI

法兰西共和国临时政府 GPRF

法兰西民族解放委员会 CFLN

菲利巴斯特 Filibuster

菲利浦·勒克莱尔·德·奥特克洛克 Philippe Leclerc de Hautecloque

菲利普·贝当 Philippe Pétain

菲利普·维安 Philip Vian

冯·博克 von Bock

冯·施蒂尔普纳格尔 von Stulpnagel

冯·施陶芬贝格 von Stauffenberg

弗朗索瓦·德·芒通 François de Menthon

弗朗索瓦·密特朗 François Mitterrand

弗雷德里克·摩根 Frederick Morgan

弗里德里希·多尔曼 Friedrich Dollmann

伏罗希洛夫 Vorochilov

佛朗哥（独裁）franquiste

福伊希廷格尔 Feuchtinger

富兰克林·D. 罗斯福 Franklin D. Roosevelt

感恩赞 Te Deum

格尔德·冯·伦德施泰特 Gerd von Rundstedt

格雷泽尔 Gräser

格里内角 cap Gris-Nez

根特 Gand

古德里安 Guderding

古德伍德行动 Operation Goodwood

哈里·布彻 Harry Butcher

哈罗德·亚历山大 Harold Alexande

哈米尔卡 Hamilcar

哈塞 Hasse

拉特尔会议 Conférence Rattle

汉斯·冯·萨尔穆特 Hans von Salmuth

汉斯·施派德尔 Hans Speidel

赫尔曼·威廉·戈林 Hermann Wilhelm Göring

黑格 Haig

亨利·吉罗 Henri Giraud

亨利·罗尔-唐吉 Henri Rol-Tanguy

亨利·史汀生 Henry Stimson

胡安·普约尔·加西亚 Juan Pujol Garcia

胡戈·施佩勒 Hugo Sperrle

惠特克 Whitaker

火炬行动 Operation Torch

霍奇斯 Hodges

霍萨 Horsa

加卢瓦 Gallois

坚忍行动 Operation Fortitude

绞肉行动 Operation Mincemeat

杰米扬斯克 Demiansk

京特·冯·克鲁格 Günther von Kluge

卡尔·安德鲁·斯帕茨 Carl Andrew Spaatz

卡尔皮凯 Carpiquet

卡尔文·德雷尔 Calvin Dreher

卡萨布兰卡会议 Conférence de

Casablanca

凯·萨默斯比 Kay Summersby

坎塔利亚 Kantaria

科涅夫 Koniev

克赖辛 Kreysing

克劳德·罗伊 Claude Roy

克勒利城堡 château de Creullet

克里沃罗格 Krivoï Rog

克里永酒店 Hôtel Crillon

克利尼昂库尔门 Porte de Clignancourt

克鲁申 Kruschen

克约内尔 Kjönel

肯尼思·安德森 Kenneth Anderson

库尔特·冯·耶瑟尔 Kurt von Jesser

库尔特·迈尔 Kurt Meyer

库夫拉 Koufra

拉艾迪皮 La Haye du-Puits

拉尔夫·英格索尔 Ralph Ingersoll

拉默丁 Lammerding

拉佩尔内勒 La Pernelle

拉特尔 Rattle

莱奥·盖尔·冯·施韦彭堡 Leo Geyr von Schweppenburg

莱斯利·罗克尔 Leslie Roker

赖于马河 Rauma

蓝衣行动 Operation Bluecoat

劳埃德·J.汤姆逊 Lloyd J. Thomson

劳埃德·弗雷登德尔 Lloyd Fredendall

劳伦斯·霍格本 Lawrence Hogben

勒热夫 Rjev

雷根斯堡 Ratisbonne

雷金纳德·科克 Reginald

Coaker

雷库拉弗尔 Reculafol

里瓦贝拉 Riva-Bella

英美联合参谋长委员会 CCS

列日行动 Operation Liège

刘易斯·H.布里尔顿 Lewis H. Brereton

隆格 Longues

卢布尔雅那 Ljubljana

伦纳德·汤姆逊·杰罗 Leonard Townsend Gerow

罗伯特·E.舍伍德 Robert E. Sherwood

罗伯特·布拉西亚克 Robert Brasillach

罗伯特·卡帕 Robert Capa

罗科索夫斯基 Rokossovski

罗曼·加尔比-切夫尼亚夫斯基 Roman Garby-Czerniawski

洛宗河畔蒙特勒伊 Montreuil-sur-Lozon

绿色计划 plan Vert

马尔吉瓦勒 MARGIVAL

马尔托 Maltot

马利诺夫斯基 Malinovski

马约门 Porte Maillot

玛吉思缇酒店 Hotel Majestic

迈尔斯·登普西 Miles Dempsey

麦克阿瑟 MacArthur

麦克奈尔 McNair

曼陀菲尔 Manteuffel

芒特-加西库尔 Mantes-Gassicourt

蒙弗勒里 Mont Fleury

蒙穆谢 Mont Mouchet

盟军远征军最高统帅部 SHAEF

米洛万·吉拉斯 Milovan Djilas

茉黎斯酒店 Hôtel Meurice

穆利欧 Moulineaux

拿破仑之路 Route Napoléon

男子修道院 abbaye aux Hommes

内林 Nehring

诺盖卢 Noguellou

帕斯尚尔 Passchendaele

皮埃尔·多尔 Pierre Daure

皮卡迪利广场 Piccadilly Circus

普夫劳姆 Pflaum

祈福圣母 la Bonne Mère

乔治·S.巴顿 George S. Patton

乔治·马歇尔 George Marshall

切尔尼亚霍夫斯基 Tcherniakhovski

让·莫内 Jean Monnet

让蒂伊门 Porte de Gentilly

萨莱诺 Salerne

塞瓦斯托波尔 Sébastopol

塞耶特 Seité

瑟堡修道院 Notre-Dame-du-Voeu

绍肯 Saucken

舍尔纳 Schorner

圣云门 Porte de Saint-Cloud

市场花园行动 Operation Market Garden

舒尔茨 Schulz

双十体系 double cross system

斯蒂芬·安布罗斯 Stephen Ambrose

斯拉普顿沙滩 Slapton Sands

斯托尔布齐 Stowbsty

索利·祖克曼 Solly Zuckerman

泰里·考珀 Terry Copp

特奥多尔·克兰克 Theodor

Krancke

特德 Tedder

特拉福德·利-马洛里 Trafford Leigh-Mallory

特雷卡斯塔尼村 village de Trescatagni

梯也尔 Thiers

托尔布欣 Tolboukhine

托马斯·菲尼根 Thomas Finigan

瓦尔德 Vardø

瓦尔利蒙特 Warlimont

韦科 Waco

围捕行动 Operation Roundup

维尔河畔托里尼 Torigni-sur-Vire

维勒迪约莱波埃勒 Villedieu-les-Poêles

维亚切斯拉夫·莫洛托夫 Viatcheslav Molotov

魏德迈 Wedemeyer

温顺行动 Operation Tractable

温斯顿·丘吉尔 Winston Churchill

文尼察 Vinnytsa

翁达尔斯内斯 Åndalsnes

我们的海 Mare Nostrum

沃尔特·蒙克顿 Walter Monckton

沃尔特·史密斯 Walter Smith

乌龟计划 plan Tortue

乌伊斯特勒昂 Ouistreham

西蒙·鲍尔 Simon Ball

夏尔·戴高乐 Charles de Gaulle

鸭子一号 Duck I

雅克·苏斯戴尔 Jacques Soustelle

亚历山大·帕奇 Alexander McCarrell Patch

亚瑟·科宁厄姆 Arthur

二战信息图·诺曼底登陆

[法] 奥利维尔·维沃尔卡 著

[法] 西里亚克·阿拉德 绘

李恋晨 译

Le Débarquement:
Son histoire par l'infographie

by Olivier Wieviorka

图书在版编目（CIP）数据

二战信息图：诺曼底登陆 /（法）奥利维尔·维沃
尔卡著；（法）西里亚克·阿拉德绘；李恋晨译.
北京：北京联合出版公司, 2025. 6. -- ISBN 978-7
-5596-8422-6

Ⅰ. E195.2

中国国家版本馆CIP数据核字第20257H5J10号

北京市版权局著作权合同登记 图字：01-2025-1273号

审图号：GS（2025）0231号

出 品 人	赵红仕
选题策划	联合天际
责任编辑	孙志文
特约编辑	庞梦莎
美术编辑	梁全新
封面设计	沉清Evechan

未读 思想家
DR

出　　版	北京联合出版公司
	北京市西城区德外大街83号楼9层 100088
发　　行	未读（天津）文化传媒有限公司
印　　刷	北京雅图新世纪印刷科技有限公司
经　　销	新华书店
字　　数	200千字
开　　本	787毫米 × 1092毫米 1/12 18.5印张
版　　次	2025年6月第1版　 2025年6月第1次印刷
I S B N	978-7-5596-8422-6
定　　价	198.00元

关注未读好书

客服咨询